本书出版得到河北省高等学校人文社会科学研究项目资助，项目名称“京津冀城市化—经济—生态环境共生协调机制研究”（项目编号：SD171057）

XIANDAI WULIU PINGJIA TIXI GOUJIAN

现代物流评价体系构建

理论方法与实证分析

张立华　李　南　杨　淼◎著

知识产权出版社
全国百佳图书出版单位

图书在版编目（CIP）数据

现代物流评价体系构建：理论方法与实证分析/张立华，李南，杨森著．—北京：知识产权出版社，2017.9

ISBN 978－7－5130－2807－3

Ⅰ.①现… Ⅱ.①张…②李…③杨… Ⅲ.①物流—经济评价—研究 Ⅳ.①F252

中国版本图书馆CIP数据核字（2014）第142977号

内容提要

本书从经济发展的崭新视角去重新审视现代物流体系，从理论和实证两方面出发，深入剖析了现代物流与经济发展的影响机制，从点（物流节点）、线（交通线路）的物流体系结构去分析现代物流系统规划与建设运营，结合实证分析探讨现代物流的研究方法与工具。

责任编辑：李海波　　　　**责任出版**：孙婷婷

现代物流评价体系构建——理论方法与实证分析

XIANDAI WULIU PINGJIA TIXI GOUJIAN——LILUN FANGFA YU SHIZHENG FENXI

张立华　李　南　杨　森　著

出版发行：	知识产权出版社有限责任公司	**网　　址**：	http://www.ipph.cn
电　　话：	010－82004826		http://www.laichushu.com
社　　址：	北京市海淀区气象路50号院	**邮　　编**：	100081
责编电话：	010－82000860转8582	**责编邮箱**：	277199578@qq.com
发行电话：	010－82000860转8101	**发行传真**：	010－82000893
印　　刷：	北京中献拓方科技发展有限公司	**经　　销**：	各大网上书店、新华书店及相关专业书店
开　　本：	720mm×1000mm　1/16	**印　　张**：	13
版　　次：	2017年9月第1版	**印　　次**：	2017年9月第1次印刷
字　　数：	210千字	**定　　价**：	42.00元

ISBN 978－7－5130－2807－3

前 言

物流业已成为国际经济体系的重要组成部分。现代物流是经济全球化的产物，也是推动经济全球化的重要服务业。近年来，世界现代物流业呈稳步增长态势，欧洲、美国、日本成为当前全球范围内的重要物流基地。

现代物流系统是指以传统物流系统为基础，以现代科技技术和先进的科学理论为支撑的物流系统。现代科技技术包括硬技术和软技术两个方面，硬技术指组织物资实物流动所涉及的各种机械设备、运输工具、仓储建筑、战场设施以及服务的计算机、通信设备网络，如集装系统机械制造技术、自动货架系统制造技术、旋转数码选址技术等；软技术是指组成高效率的物流系统而使用的系统工程技术、技术经济技术、价值工程技术和信息技术等。推动传统物流向现代物流转变的先进科学管理理论主要有供应链管理理论、集成化物流管理理论和物流管理整合理论，这些理论都为现代物流的产生和发展起到了巨大的推动和催化作用。

本书是奉献给新世纪的，希望它能促进现代物流指标体系构建预评价的提高。本书从经济发展的崭新视角去重新审视现代物流体系，从理论和实证两方面出发，深入剖析了现代物流与经济发展的影响机制，从点（物流节点）、线（交通路线）的物流体系结构去分析现代物流系统规划与建设运营，结合实证分析探讨现代物流的研究方法与工具，并得出了以下结论。

（1）港口物流能力各评价指标之间并非独立而是相互影响、相互关联的，片面地提高单个能力指标的水平并不一定能直接提升港口物流能力，甚至可能适得其反。相反，把握各指标之间的相互影响与因果关系，准确定位关键指标和影响因素，才是有效增强港口物流能力的关键所在。

（2）针对当前我国城市物流业存在的体制问题，物流业刚处于起步阶段的现状，我国有必要研究建立一个行业物流主管部门，统一组织、领导、协调相关部门的工作，做好总体的物流规划，制定规范的物流产业发展政策。

（3）仓储型物流企业在我国出现比较晚，科学合理的绩效评价指标体系有限，因此构建一套具有可操作性、有效的绩效评价指标体系十分必要，对于提升企业经营管理水平具有巨大益处。绩效评价体系一般是比较复杂的，仓储型物流企业尤其如此，必须从多个角度进行考核，才可能得到科学合理的评价。

（4）绿色物流的关键所在，不仅依赖绿色物流观念的树立、绿色物流经营的推行，更离不开绿色物流技术的应用和开发。没有现代物流技术的发展，就没有现代物流的立身之地。

（5）物流企业人力资源生态系统健康发展因素各指标之间也是相互影响、相互关联的，片面地提高单个能力指标的水平并不一定能直接提升物流企业人力资源生态系统健康发展水平，应该把握各指标之间的相互影响与因果关系，准确定位关键影响因素和指标，才能促进和增强物流企业人力资源生态系统的健康发展。

目 录

第1章　绪论

现代物流业已成为推动国民经济发展的支柱性产业之一。现代物流作为一种先进的组织形式和管理技术，越来越成为企业生存乃至国家发展的新的经济增长点和利润源泉。其发展也已成为衡量一个国家综合国力的重要标志。现代物流经济以现代物流产业为支撑，是降低资源消耗、提高劳动生产率之后的第三利润源。现代物流经济带动国民经济以较高的速度增长，现代物流产业作为独立的产业部门，越来越受到政府及专家的广泛关注。

1.1　研究背景

现代科学技术的迅猛发展和全球经济一体化加快，导致各国家（地区）都面临前所未有的机遇和挑战。

2001年，国家经济贸易委员会、铁道部、交通部、信息产业部、对外贸易经济合作部、中国民用航空总局联合下发了《关于加快我国现代物流发展的若干意见》（简称旧《意见》）的通知，明确指出：随着经济全球化和信息技术的迅速发展，企业生产资料的获取与产品营销范围日趋扩大，社会生产、物资流通、商品交易及其管理方式正在并将继续发生深刻的变革。与此相适应，被普遍认为是企业在降低物质消耗、提高劳动生产率以外的“第三利润源”的现代物流业正在世界范围内广泛兴起。旧《意见》对现代物流进行了定义，现代物流泛指原材料、产成品从起点至终点及相关信息有效流动的全过程。它将运输、仓储、装卸、加工、整理、配送、信息等方面有机结合，形成完整的供应链，为用户提供多功能、一体化的综合性服务。另外，对我国现代物流的进程作出了明确的解释，指出我国现代物流发展正处于起步阶段，与先进国家相比尚有很大差距，但市场潜力和发展前景十分广阔。加快我国现代物流发展，对于优化资源配置、调整经济结构、改善投资环境、增强综合国力和企业竞争能力、提高经济运行质量与效益、实现可持续发展战略、推进我国经济体制与经济增长方式的根本性转变，具有非常重要而深远的意义。

2004 年 8 月 25 日，经国务院批准，国家发改委、商务部、公安部、铁道部、交通部、海关总署、国家税务总局、中国民用航空总局和国家工商行政管理总局 9 部委联合发布了《关于促进我国现代物流业发展的意见》（简称新《意见》）。该新《意见》是继 2001 年 3 月由国家经贸委等 6 部委联合发布《关于加快我国现代物流发展的若干意见》以来又一个十分重要的文件，是对旧《意见》的进一步完善。由于近几年我国社会经济环境发生了较大变化，物流业发展也日新月异，旧《意见》中的一些规则已不适应物流业的新发展。

新《意见》的出台，是各方面共同努力的结果。其中，2003 年 7 月全国政协组建的“现代物流专题调研组”在先后对我国现代物流发展最快的长江三角洲、珠江三角洲和环渤海及中部地区等 10 个省、市、自治区的 30 多家企业进行调研后，于 2003 年 11 月形成了《关于我国现代物流情况的调研报告》。新《意见》的出台，势必为进一步推进我国现代物流业的发展，在全国范围内尽快形成物畅其流、快捷准时、经济合理、用户满意的社会化、专业化的现代物流服务体系发挥重要的作用。

2006 年通过的《中华人民共和国国民经济和社会发展第十一个五年规划纲要》在“加快发展服务业”中单列一节，提出：推广现代物流管理技术，促进企业内部物流社会化，实现企业物资采购、生产组织、产品销售和再生资源回收的系列化运作。培育专业化物流企业，积极发展第三方物流。建立物流标准化体系，加强物流新技术开发利用，推进物流信息化。加强物流基础设施整合，建设大型物流枢纽，发展区域性物流中心。

2007 年党的十七大明确提出要加快现代物流业发展。现代物流作为一种先进的组织方式和管理技术，被广泛地认为“是企业在除了降低物资消耗、提高劳动生产率以外的又一个可以增加利润的方式”，即“第三利润源”，在国民经济和社会发展中发挥着越来越重要的作用。此外，2007 年 3 月 19 日，国务院发布了《关于加快发展服务业的若干意见》，指出提升物流的专业化、社会化水平，大力发展第三方物流；并指出深化铁路、民航等服务行业改革，放宽市场准入，引入竞争机制，推进国有资产重组，实现投资主体多元化。

2008年，《商务部关于加快我国流通领域现代物流发展的指导意见》中指出，加快我国流通领域现代物流发展，有利于提高流通效率，降低流通成本，促进城乡和地区间商品流通，更好地发挥现代流通业在国民经济社会发展中的先导性作用；有利于调整优化流通产业结构，带动相关产业发展，转变经济发展方式，提高流通业对国民经济的贡献率；有利于提升流通企业核心竞争力，推动流通企业“走出去”，适应经济全球化和竞争国际化的需要；有利于形成安全通畅、舒适便捷的消费服务环境，满足人民群众生活改善、消费升级的需求；有利于扩大就业，改善民生，减轻资源和环境压力，为构建和谐社会与全面建设小康社会作出贡献。

近年来，党中央、国务院十分重视现代物流业的发展，制定了一系列鼓励和支持发展的政策措施，取得明显成效，流通领域内的现代物流获得长足发展。但是，由于长期以来缺乏资金投入和相关政策支持，流通领域内的现代物流仍处于较低的发展水平，成为制约我国流通现代化的“瓶颈”。突出表现为物流需求社会化程度不高，物流企业服务水平较低，国际化经营实力相对较差，对外投资规模小，各类批发市场物流功能较弱，农村物流体系不健全，城市物流配送体系不配套，物流管理和技术相对落后，专业人才供应难以满足需求，法律、法规建设相对滞后，物流发展的制度和政策环境需要进一步完善等。因此，地方各级商务主管部门亟须进一步提高认识，转变发展观念，充分认识发展流通领域现代物流的重要性和必要性，在认真做好规划的前提下，因地制宜，开拓创新，促进流通领域现代物流又好又快发展。

鉴于当时世界金融危机持续演化，并引起全球性的经济衰退，也造成中国经济增长速度放缓，2008年第四季度中国政府又正式提出“十大产业振兴规划”，并于2009年审议通过了《物流业调整和振兴规划》。这是我国第一个物流专项规划，将促进物流业发展上升到国家战略层面。其中明确指出：调整和振兴物流业是应对国际金融危机的重要手段、适应经济全球化趋势的客观要求和发展国民经济的必要条件。可见，现代物流业在社会经济发展中的地位已不可取代。

2011年8月，国办发布《关于促进物流业健康发展政策措施的意见》强调：第一，切实减轻物流企业税收负担；第二，加大对物流业的土地政策支持力度；第三，促进物流车辆便利通行；第四，加快物流管理体制改革；第五，鼓励整合物流设施资源；第六，推进物流技术创新和应用；第七，加大对物流业的投入；第八，优先发展农产品物流业；第九，加强组织协调。2012 年，以落实物流“国九条”为主线的政策和规划相继出台，这些充分显示了我国政府对现代物流业的重视和扶持。

1.2 研究意义

物流基础设施的完善使得新资源的开发与已有资源的有效分配变为可能。它可以通过扩大原材料的供给范围、产品销售市场、与交通运输相关的工业的发展为经济的发展注入动力。运输的成本和单位的运输距离呈正比，而与单位的运输量呈反比。因此若商品与运输的距离不变，单位运输量成本依照运输方式来划分的话，水运是最便宜的，其次则是公路和铁路运输。但是运输费用的确定并不是单单取决于运输方式，还需要考虑装卸货物成本。除上述的成本因素之外，商品的容积、强度与重量以及单位容积重量的价格对运输方式具有很大的影响，而且也直接决定了地区经济的运输结构与物流结构。另外，交通运输基础设施的发展扩大了社会分工范围，并以这种分工为基础形成经济区。经济区指至少拥有一个经济中心，围绕着这个经济中心形成稳定的经济关系，具有从事某类产品或者专门行业的生产经营活动，而且和同层次其他的经济区以及上层次的经济区有着密切的联系，和下属的经济区域间也有着分工或者合作的关系。总体来说，交通运输条件越发达、专业分工越完善的区域，其经济区的规模越大。

我国的整个物流业目前尚处于生命周期的起步阶段，但显示出强劲的发展势头。从产业的三个规定性来看，已基本符合条件。如果能从这一时期就开始重视物流体系的评估与分析，我国的物流业一定会发展壮大起来。现代物流业对经济的推动作用主要表现在以下几个方面。

（1）有利于降低企业成本，增强市场反应能力。

在传统的物流行业中，企业各个部门按照职能设立。物流从属于生产，一切以生产为中心。物流包装、加工、运输、储存以及保管的功能归各个不同的职能部门管理。物流成本不可能单列出来进行核算，因此就无法控制物流成本。这一时期，企业降低成本的关键在于生产和销售这两个阶段。近年来伴随着生活水平的提高、市场竞争的加剧，人们的消费方式发生了很大的改变。具有差异性的商品更受人们的青睐，使得流行商品的生命周期变短。消费方式的变化对企业经济活动具有深远影响。生产厂商不能像以往那样预测商品的流行程度，以致将生产建立在对市场预测的基础上成为不可能。为此，厂商们实施了以品牌和服务为中心的战略，实现物流的专业化与市场化，使得物流业既要求效率也能够促进生产销售战略的迅速转换与调整，进而促进了物流功能的整合，突出了商品的空间位移效率与物流的成本核算。而且信息技术在物流中的应用提高了物流服务的效率，能够实现企业的零库存目标。企业投入的流动资金快速周转，降低了资金被长期占用的风险，提高了企业盈利。市场化的运作机制、物流企业与物流功能的整合使得现代物流变成许多线路与节点组成的稳定而又紧密的网络，提高了整个企业和网络的效益。

（2）有利于形成新的产业形态，优化区域产业结构。

一个地区产业的发展包括新兴产业的兴起、产业结构调整以及合理的布局等。社会的经济活动是由许多产业活动组成的，产业间的关系与比例组成了产业结构。如果要保持产业间以及产业内部的正常活动，就必须通过一定方式使得各个企业与各产业紧紧联系起来，接着在企业和产业间进行资金、人员以及信息等资源的交流。物流业属于第三产业中的流通服务业，在社会经济活动中占有重要地位。按照现代的物流理念，现代社会物流资源已经相当丰富，关键在于如何去统一思想，加大资源整合的力度，将各企业系统化地组织起来。通过对物流资源的整合，发挥物流的规模效应以及整体优势，向着规模化、信息化与专业化的方向发展，预示着新兴产业的兴起以及产业结构的优化。

（3）现代物流对区域经济增长方式的影响。

现代物流对区域经济增长方式的重要影响，主要体现在现代物流的发展可以通过降低交易成本带来经济增长方式的转变。如上文所述，现代物流之所以能够显著降低交易成本，主要是因为现代物流服务提供者的主体是由诸多节点和线路组成的网络体系，以点状松散存在的要素组成物流网络后，原来点和点、要素和要素之间偶然的、随机的关系随之变成网络成员之间的稳定的、紧密的联系。一个结构稳定、高效运作的物流网络，不仅可以减少组成要素之间的磨损和交易成本，减少用户使用网络资源和要素的成本，还可以放大各要素的功能，提高要素和整个网络的效益，实现 $1+1>2$ 的作用。

（4）提升区域经济竞争力。

按照“三力体系”，区域经济的竞争力主要有核心竞争力、基础竞争力和环境竞争力。发展区域物流可以提高企业管理水平，增强企业的竞争力，这属于核心竞争力的范畴；物流投入的加大必然增加基础设施的建设，这又会增加基础竞争力；全球化进程的加快，使得国内各区域基础设施状况的整体改善和以优惠政策为代表的各地区投资环境差异日益缩小，原有的政策、环境优势正在被削弱，而发达的现代物流业正是区域经济中心新的经济增长点，有利于为我国创造良好的投资环境，形成所在区域新的环境竞争力。

但是也应该看到，现在我国的物流市场还存在不少的问题，如市场竞争混乱、粗放式竞争激烈、服务功能单一等。随着今后服务市场包括物流市场的逐步开放，我国物流市场会受到巨大的冲击。再加上我国物流市场还不完善，大部分物流企业是从原来功能单一的储运业转行而来，多数物流企业未形成核心竞争力，竞争对手之间的模仿相对容易。企业的技术水平与管理水平不高，缺乏公认的物流服务标准，企业之间是一种粗放式为主的竞争格局。还有近期掀起的物流热潮，许多外围企业盲目跟风，走进了“都去发展物流”“都去找物流要利润”的误区，从而导致物流企业数量猛增，低价恶性竞争，严重扰乱了市场秩序，造成物流企业业绩普遍不佳，发展后劲不足。

因此，建立我国市场现代物流业发展水平评价指标体系是非常有必要的。一方面，可以对我国物流业进行科学评价和定量分析，能够准确把握物流业整体发展水平和发展进程，找出物流业发展过程中存在的优势、差距和问题，为我国物流业跨越式发展的目标、步骤和举措提供科学依据；另一方面，我国市场现代物流业发展水平评价指标体系的建立，能使政府决策管理部门全面、及时、准确地调查了解全国物流业的运作效率、外部环境及均衡发展程度，从而为政府决策部门进行宏观决策和管理提供基础信息。

1.3 发展现代物流的必要性

随着世界经济的持续发展和科学技术的突飞猛进，现代物流作为现代经济的重要组成部分和工业化进程中最为经济合理的综合服务模式，正在全球范围内迅速发展。我国政府有关部门和广大企业经过改革开放30多年的经济高速发展，也越来越深刻地认识到现代物流对于经济发展的促进作用。

（1）实现市场经济体制改革的目标需要发展现代物流。

我国经济体制改革的目标，是建立社会主义市场经济体制。建立社会主义市场经济体制，必须发展社会化大生产，形成大市场、大流通、大交通。与之相适应，必须有社会化的现代物流体系作为保障。传统的物流从“后勤服务”“实物配送”起源，发展到今天实现将生产与消费之间的供应链全过程一体化，本身就是市场经济的产物。现代物流拥有先进的组织管理方式和现代科技智能、信息手段、专业人才等，更是建立社会主义市场经济体制所不可缺少的。

（2）继续坚持对外开放的基本国策需要发展现代物流。

实行改革开放以来，中国经济与世界经济越来越紧密地融合在一起。据统计，到1999年8月底，中国累计批准设立外商投资企业33.5万家，世界500强企业已有300多家进入中国市场。外资企业的进入，一方面带来了现代物流的观念和先进的运作方式；另一方面也迫切希望中国能有方便、及时、低成本、高效率的现代物流系统作为其跨国生产和营销的服务保障。过去主要依靠减免税收等优惠政策吸引外资的做法，已不能完全适应境外投资者的需求。加入世界贸易组织（WTO）以后，中国经济与世界经济的联系更加密切，外资企业会更多地进入中国市场，中国企业面临这一必然趋势，同样需要发展现代物流。

（3）加快国有企业改革和发展需要发展现代物流。

现代物流已被广泛认为是企业在降低物质消耗、提高劳动生产率以外创造利润的第三重要源泉，也是企业降低生产经营成本，提高产品竞争力的重要环节。我国企业长期以来“重生产、轻物流”，对生产领域内的各个环节和企业内部管理比较重视，也有一定的基础。但对生产领域以外的采购、运输、仓储、代理、包装、加工、配送等环节顾及甚少，可控能力十分有限。加上长期形成的条块分割体制及“大而全”“小而全”“自成体系”等传统观念的影响，在“采购黑洞”“物流陷阱”中造成的损失和浪费难以计算。1998年年底，列入国家统计局统计的18.2万家独立核算工业企业的产成品库存达6094亿元人民币，占其全年产品销售收入的9.6%；如果加上应收账款12315亿元人民币，两项资金占用为产品销售收入的29.1%。1998年这18.2万家企业流动资产周转次数仅为1.41次。可见，我国企业在压缩资金占用和加快资金周转上大有潜力可挖。

（4）中国经济的持续发展需要发展现代物流。

当前我国经济生活中存在的首要问题是有效需求不足。进一步拉动内需，并带动社会投资和启动消费，是解决需求不足的有效措施。优化经济结构、促进产业优化升级，则是提高经济增长质量和效益的根本措施。现代物流在我国刚刚起步，潜在需求巨大，相对传统的物流业，它属于产业的优化升级；作为一个新兴产业，正好属于需要大力发展的第三产业，是新的经济增长点。因此，加快我国现代物流的发展，有利于提高生产与流通领域的集约化程度，改善粗放型的经营和管理方式，促进国民经济持续快速健康发展。

1.4 研究方法

（1）系统分析法。

系统分析是采用系统方法对所研究的问题提出各种可行方案和替代方案、进行定性与定量的分析和评价、提高所研究问题的清晰程度和帮助决策者选择行动方案的决策辅助技术。其包括系统研究、系统设计、系统量化、系统评价和系统协调等内容。由于现代物流较强的系统性，相关主体的物流活动非常复杂，而且目标与评价标准也很不一致，因此，本书采用了系统分析的方法，对现代物流发展进行系统的综合评价。

（2）规范研究与实证研究相结合。

现代物流评价是一项综合的、复杂的系统工程，需要结合经济学、金融学、数理统计学、运筹学系统论等诸多相关学科的理论对现代物流评价的内涵、功能、特征、程序与构成要素等进行深入理论分析。本书结合我国现代物流运行的现状，从实证角度考核和验证我国现代物流评价的科学性和可操作性。

（3）定性与定量分析相结合。

由于现代物流系统是一个十分复杂的系统，因此本书在对该系统进行评价时，需要采用定性指标与定量指标相结合的方法，综合构建现代物流发展水平评价指标体系。采用定性与定量相结合的方法，选择适当的评价指标，构建评价指标体系，在对相关数据进行分析的基础上，借助数学模型对现代物流发展水平进行定量分析和评价。

（4）逻辑论证与客观实践相结合。

本书将遵循逻辑论证与客观实践相结合的原则，基础理论分析对方向、趋势、是非进行逻辑论证，同时结合现代物流的发展实践；现代物流评价的相关理论在其原则、原理、应用上进行逻辑论证，同时针对物流客观实践进行系统分析，从而将逻辑论证与客观实践进行结合，这样才能做到理论与实践、主观与客观的统一。所以本书中理论的选择、分析评价方法的确定力求客观先进，进而保证分析过程的严谨公正，分析结果的客观准确。这样做的目的是使理论与实践不脱节。理论从实践中来，再应用到实践中去，真正的理论应该能够科学地指导实践。

第2章　现代物流概念的界定和经济学分析

2.1　传统物流概念

物流是指为了满足客户的需求，以最低的成本，通过运输、保管、配送等方式，实现原材料、半成品、成品或相关信息由商品的产地到商品的消费地的计划、实施和管理的全过程。物流是一个控制原材料、制成品、产成品和信息的系统，从供应开始经各种中间环节的转让及拥有而到达最终消费者手中的实物运动，以此实现组织的明确目标。现代物流是经济全球化的产物，也是推动经济全球化的重要服务业。世界现代物流业呈稳步增长态势，欧洲、美国、日本成为当前全球范围内的重要物流基地。

中国物流行业起步较晚，随着国民经济的飞速发展，物流业的市场需求持续扩大。进入21世纪以来，在国家继续加强和改善宏观调控政策的影响下，中国物流行业保持较快增长速度，物流体系不断完善，行业运行日益成熟和规范。

传统物流一般指产品出厂后的包装、运输、仓储、装卸，而现代物流提出了物流系统化或总体物流、综合物流管理的概念，并付诸实施。具体地说，就是使物流向两头延伸并加入新的内涵，使社会物流与企业物流有机结合在一起。从采购物流开始，经过生产物流，再进入销售物流，与此同时，要经过包装、运输、仓储、装卸、加工配送到达用户（消费者）手中，最后还有回收物流。

人们对于物流的认识主要有以下观点。

（1）全球化观念。

随着全球化的发展，企业的物流方式也向全球化方向发展。企业的原材料、零配件来源于全球的原材料市场，产品销售区域也是世界范围的。为了资源的优化，全球经营的企业也会在世界各地设定生产基地，这种全球经营的模式必须带来物流全球化。物流全球化是现代企业经营的特性。

（2）直接影响顾客选择商品的结果，也影响企业的生存和发展。

企业为了保持顾客的忠诚度，必须迅速满足顾客需要。从接受顾客订单开始，启动采购、生产、库存、配送等活动，从企业的内部作业流程来看，是企业内部物流一体化的过程。但是，要满足顾客要求，不仅企业内部物流过程要一体化，企业与其原材料、零配件的供应商、销售过程涉及的销售商们也必须很好地配合，即这三者的物流活动必须统一、协调地运作。因此，在现代经营环境下，不仅要求企业内部物流的一体化运作，还要求外部物流的一体化协作。

（3）以顾客满意为第一的观念。

进入 20 世纪 90 年代以后，整个社会经济向信息化、多元化方向发展的步伐越来越快，消费者需求多样化特征日益明显。企业为了适应这种情况，多品种、小批量生产方式应运而生。物流需求也以小批量、多品种、高频次为特点。订货周期变短、时间性增强，物流需求的不确定增高、物流的柔性化要求增强。企业物流活动的目的就是满足顾客所要求的在适当的时间、适当的地点，通过适当的服务形式得到适当的商品。

（4）物流信息化。

现代物流活动的运作离不开信息化。信息在实现物流系统化和物流作业一体化方面发挥着重要作用。现代物流通过信息将各项物流功能活动有机地结合在一起，通过对信息的实时把握，控制物流系统按照预定的目标运行。而信息技术的发展也为现代物流提供了企业减少非增值的物流活动，提高物流效率的必要支撑。

（5）物流的自动化。

在现代物流活动中，广泛使用先进的运输、仓储、装卸搬运、包装以及流通加工等手段。运输手段的大型化、高速化、专用化，装卸搬运机械的自动化，包装的单元化，仓库的立体化、自动化以及信息处理和传输的计算机化、电子化、网络化等，为开发现代物流提供了物质保证。

（6）物流的社会化。

在现代物流时代，物流行业具有巨大的发展空间。制造性企业如果既要从事生产制造，又要从事运输等物流活动，可能会给企业的资金带来负担，同时也不能充分利用社会物流的能力。因此，许多企业都将自己的物流活动部分或全部外包给专业的物流服务企业。制造性企业、物流服务企业的联结，使社会物流活动的效益得到体现。第三方物流形态成为现代物流的主流，带动了物流产业在国民经济中发挥越来越重要的作用。

（7）绿色物流观念。

绿色物流是指在物流过程采取各种措施，控制物流对环境造成的危害。这种观念实际上是与社会经济的大要求分不开的。由于地球资源的有限性，为了长期、持续地发展，人类必须学会维护我们的生态环境，要求我们的各种经济生活都不能损害我们所赖以生存的自然环境。发展物流，也应该既能促进经济发展，又能保障人类健康发展。大多数国家或地区在制定运输、包装等法规时，都或多或少地体现了对物资的循环使用、防止破坏环境的思想。这就要求企业在开展物流活动时，一定要注意配合相应的法律法规。

2.2 现代物流的概念

中国物流行业起步较晚，随着国民经济的飞速发展，物流业的市场需求持续扩大。进入21世纪以来，在国家继续加强和改善宏观调控政策的影响下，中国物流行业保持较快增长速度，物流体系不断完善，行业运行日益成熟和规范。随着这些变化，人们对物流有了更加全面的认识，形成了现代物流观念。

2.2.1 现代物流概念

现代物流（Modern Times Logistics）指的是将信息、运输、仓储、库存、装卸搬运以及包装等物流活动综合起来的一种新型的集成式管理。其任务是尽可能降低物流的总成本，为顾客提供最好的服务。现代物流业可以概括为：根据客户的需求，以最经济的费用，将物流从供给地向需求地转移的过程。它主要包括运输、储存、加工、包装、装卸、配送和信息处理等活动。

对现代物流的认识需要从以下三个方面来把握。

首先，要正确理解什么是“现代物流”。到了20世纪80年代，经济全球化格局已基本形成，物流费用在产品成本中的比重也随之而大大提高。降低物流费用对提高产品的竞争力的作用增大，因此，生产者大力谋求降低物流费用，使现代物流成为普遍关心的产业。同时，计算机网络和信息技术也发展到足以支持物流全过程的优化和整合的程度。需要与可能相结合，促成了现代物流的高速发展。在一些发达国家，经过了长期不断的整合，已使物流渐渐地形成了独立的产业——现代物流产业。因此，现代物流产业与传统物流产业的根本区别就在于其全过程是经过全程优化的，各环节之间也是无缝衔接的。这就大大地降低了物流费用，缩短了物流时间。这也是当代物流产业迅速发展的主要原因。这里还要厘清一个概念，随着信息技术的发展，传统的物流企业已用信息技术装备起来，这是时代发展的必然，并不能因此而称为现代物流企业。例如，传统的仓储企业用上了计算机，但不能仅仅因此就称为现代物流企业，而要看这个仓储企业的运作模式与上下游的联合是不是可能成为经过整合后的物流链中的一环。其次，要理解什么是中心。中心是相对于腹地而言的，是腹地某项活动（如政治、经济、体育等）集中开展的场合。随着腹地大小的不同、该项活动发展的腹地水平的不同，中心的层次也不一样，表现为中心的大小不同，活动项目多少的不同。因此，物流中心就是物流服务活动集中进行的场所，物流中心的规模取决于腹地的大小及其对物流服务的需求。最后，还要认识到物流活动是商品生产与消费派生的活动，是随着商品生产数量的增加而增加的。如果商品生产的数量是一定的，对物流活动的需求也是一定的。因此，只有在因物流费用减少，商品的价格降低，刺激需求的增长，扩大了商品的生产时，对物流活动的需求才会增加。传统物流是分散进行的，而现代物流则是经过整合后连续进行的。

“现代物流”相对于“传统物流”而言，是在传统物流不断发展的基础上形成的。许多学者从西方物流概念的演变分析了现代物流概念的形成和发展，目前基本就西方现代物流概念的形成和历史演变达成了共识。但是在现代物流的概念和内涵上存在分歧，形成了国内关于现代物流和传统物流说法不一致的现象。目前国内关于传统物流和现代物流的认识主要有五种观点。

一是中国物流与采购联合会常务副会长丁俊发同志认为的，传统物流是指时间和地理位置的转移，以解决商品生产和消费的地点差异与时间差异；而现代物流是另外一个概念，是对传统物流的升华和革命，它包含了产品从生到死的整个物理性的流通全过程。他指出，现代物流区别于传统物流的根本之处在于：①现代物流是一个过程，是一种管理；②现代物流要求物流要素可以集成，快速整合，形成供应链；③信息网络技术的发展才有现代物流；④现代物流有一个标志性的东西，就是第三方物流的出现；⑤现代物流可以极大地降低流通成本。

二是宋华和胡左浩从物流企业管理层次角度区分了现代物流和传统物流，认为所谓现代物流（Logistics），是指为了实现顾客满意，连接供给主体和需求主体，克服空间和时间阻碍的有效、快速的商品、服务流动经济活动过程。他们认为物流一词从“Physical Distribution”发展到“Logistics”的一个重要变革，是将物流活动从被动、从属的职能活动上升到企业经营战略的一个重要组成部分，因而要求对物流活动作为一个系统整体加以管理和运行。也就是说，物流本身的概念已经从对活动的概述和总结上升到管理学的层次。这种观点继承了美国管理学派的物流观点，从管理环境和管理理念即管理层次的角度区分物流概念的变迁。

三是北京工商大学何明珂教授在区分传统物流与现代物流时，从物流系统的高度提出了现代物流的9个基本特征：物流目标的系统化、物流要素的集成化、物流组织的网络化、物流接口的无缝化、物流信息的电子化、物流运作的规范化、物流经营的市场化、物流管理的现代化、物流服务的系列化。认为“传统”和“现代”是一个时间上的概念，显然从“Physical Distribution”到“Logistics”的20多年时间还构不成“传统”到“现代”所需的时间跨度要求。“Physical Distribution”和“Logistics”都是现代的，因而“现代物流”与“传统物流”的说法不成立。何明珂是针对目前部分学者将西方物流概念划分为“传统”和“现代”的说法评论的，“Physical Distribution”和“Logistics”只是概念内涵随管理环境和管理理念变化而变动，并不涉及中国概念中的“传统”和“现代”，因此他讨论的是西方现代物流的概念演进过程。

四是北京交通大学宋耀华以徐寿波院士的大物流为理论基础，从物流性质入手分析了现代物流和传统物流。他认为传统物流与现代物流的区别实际上是由于物流服务、物流管理、物流技术和物流经济四个物流非固有属性变革所引起的区别，或者说物流在其服务管理技术和经济上的变革表现为传统物流与现代物流的区别。所以他认为传统物流是指具有传统物流服务管理技术和经济特性的一种物流服务工程模式，现代物流是指具有现代物流服务管理技术和经济特性的一种物流服务工程模式。宋耀华是从工程的角度和工程特有的内容

（服务的形式、管理模式、技术设备、生存的环境）来讨论和界定现代物流内涵的。

五是华中科技大学管理学院刘志学博士认为，传统物流指的是以物品的储存与运输及其附属业务而形成的物流活动模式；现代物流则是指以现代物流信息技术为基础，整合运输、包装、装卸、搬运、发货、仓储、流通加工、配送、回收加工及物流信息处理等各种功能而形成的综合性物流活动模式。他指出现代物流是一个全新的系统概念，包含了产品生命周期的整个物理性位移的全过程，使物流向两头延伸并加进了新的内涵使社会物流与企业物流有机结合在一起。从采购物流开始，经过生产物流，进入销售物流。与此同时，要经过包装、运输、仓储、装卸、加工配送到达客户（消费者）手中，最后还有回收物流。

除了上述五种主流观点外，其他一些学者也从其他角度对传统物流与现代物流进行了研究。

长安大学经济管理学院的王建伟从经济学的角度对传统物流和现代物流进行了分析。他认为传统物流与现代物流的最主要区别既不是在服务领域上，也不是在技术手段上，而是在服务的目的和功能上。首先，从目的上看，传统物流的目的是以尽可能低的物流成本，给顾客以尽可能好的物流服务；而现代物流的目的则在于提高效益，并把满足顾客要求放在首位，以此提高企业效益。其次，从物流功能上看，传统物流体现了一种满足需要的功能；而现代物流体现了促进销售、支援销售的创造需要功能和使需要和供给相互配合的供需综合平衡功能。传统物流与现代物流在目的和功能上的差异不仅反映了物流作为第三利润源的地位更加突出，而且也反映了物流从重视量向重视质的变化趋势。

张圣忠指出物流产业是“依托于‘物’的流动过程建立起来并为‘物’的流动过程服务的、以整体优化理念为指导的、系统化的概念产业（Conceptual Industry）”。他认为物流产业只是用来推动物流产业发展的理念，不具有实体边界。与徐寿波院士的“大物流产业论”有异曲同工的理解。

万云虹认为“物流业属于第三产业，应从物流‘服务网络’这一特性上定义：凡是提供物流服务的实体，服务类型是多样的和综合性的，利用科学管理及信息技术，拥有物流专有资产的企业（第三方物流）的集合体，构成物流产业”。这一概念考虑了构成产业的规定和投入产出计量的可行性及我国划分产业的规定，为从产业层面推进物流的发展提供了可能，但此概念未考虑发展的角度和共生性，不利于物流产业的发展。

汪鸣和冯浩指出“物流既具有从提供服务的经营角度的独立服务产业特点，又具有从产销企业内部经营管理角度的非独立产业形态，还具有因物流技术的使用而通过产销企业物流服务外部化的供应链管理的一体化所体现的经济利益共享现象，据此认为物流产业是一种复合型产业形态”。这一定义反映了现代物流的系统性整合特征和运作模式的多样性，但不符合构成产业定义须有的三个规定性，即规模规定性、职业化规定性和社会功能规定性，因而忽视了产业投入产出计量的可行性。

李学工认为“物流产业是指专门从事将商品或服务由起始地到消费地发生空间位移，对其进行高效率与高效益流动及储存为经营（活动）内容的营利性事业组织的集群。它是流通产业的子集，但又是从流通产业中商品所有权的转移和商品实体的移动的传统部门中分离出来，形成一个独立的产业。它包括交通运输业、邮电通信业、国内贸易业、餐饮业、物资供销业及仓储业等”。这一概念对物流产业的界定过于宽泛，不符合我国产业/行业划分的规定，不利于从产业层面上推动物流的发展和制定政策。

徐寿波认为“从实物形态看，整个国民经济是由物的生产、物的流动和物的消费三大领域组成，也可以说整个国民经济是由生产、物流和消费三大支柱产业群组成。这里我们把物流不仅仅看作一个支柱产业，而是一个支柱产业群。因为它涉及运输、配送、仓储、包装、流通加工、物流信息、物流设备制造、物流设施建设、物流科技开发、物流教育、物流服务、物流管理等产业”。这一概念将物流视为流通，产业范围极其宽广。实际上将物流产业视为一种理念，有利于改变我国目前物流条块分割的管理体制，形成一个有序的宏观物流环境。

海峰认为“现代物流业是一个新兴的产业形态，是社会分工深化的结果。现代物流业的产业主体是专门从事为市场提供物流服务的经济组织或提供物流活动支持的部门及其物流活动的集合”。

帅斌指出“物流产业是集交通运输、通信、物资供应、仓储保管等产业的部分职能于一身的新兴产业部门，且绝非各职能的简单汇总，而是将上述产业社会职能依照社会分工日趋专业化的发展规律，并以现代科学技术尤其是网络信息技术的支撑为前提，浓缩形成一个崭新的致力于提高社会总体效率和效益的产业部门”。这些概念虽然与汪鸣、丁俊发的表述和侧重点有所区别，但在本质上基本相同。

综合以上分析得出，现有物流产业的界定不完全符合目前物流产业发展的实际和推动物流发展的初衷。基于对物流内涵与本质的理解，本书将现代物流产业定义为：伴随信息技术、知识经济和全球一体化发展产生，用现代化的新技术、现代管理、新业态、新服务方式改造提升传统物流服务，创造需求，引导消费，向社会和企业提供高附加值、高层次、知识型实现“物体”时空效用的生产服务和消费服务与不可或缺的支持性活动的企业的集合。从狭义的角度讲，它特指由整合分立和分散的物流资源、有机集成和协调仓储、运输、装卸、搬运、保管、信息、配送、加工等企业物流职能形成专业化物流服务活动和不可或缺的支持性活动的企业的集合，即新的社会分工形式。从广义的角度讲，它指新的社会分工形式为主体的多层次的产业群，是从传统物流产业向现代物流产业过渡的各种组织的集合。这一概念结合了产业层面的规定、投入产出的计量性和理念性等多方面内容，既反映了产业特性又反映了推动物流发展的理念初衷。本书在以后的分析中使用的是广义物流产业的概念。

2.2.2　现代物流概念的延伸

随着经济全球化和高新技术尤其是信息技术的迅猛发展，现代物流不断发展变化，因而对现代物流不能僵化地、一成不变地理解。除了以上的基本界定外，还应当从以下三点全面理解现代物流的内涵。

1. 现代物流是一个动态的概念

国内外物流学者普遍认为，所谓的物流活动古已有之，并非现代社会的新鲜事，但真正意义上的“物流”概念直到现代社会才出现。20 世纪初，经济管理领域的物流概念始于美国。物流概念自诞生以来，其内涵和外延不断发生变化，从军事领域到 PD（Physical Distribution）再到 Logistics、SCM（供应链管理），不仅伴随着物流术语的变化，而且还有内容、形式的变化。作为社会分工的有机组成部分，经历了一个不断分化、组合的过程。比如，企业内部物流由分散管理走向集中管理，再到社会化进而形成新的社会分工形式——第三方物流。由于现代物流的形成是一个动态过程，其形成过程和发展过程是密不可分地结合在一起的，因此，必须把现代物流当作一个动态过程来认识，在发展中理解其本质和表现形式。

2. 现代物流是一个相对的概念

首先，在形成和发展的时间上有相对性。不同国家和地区因发展水平和侧重点不同有不同的理解和定义。现代物流是社会生产力发展到一定阶段的产物。其次，在包含的范围上有相对性。在现代物流形成和发展的不同历史阶段，它所包含的范围在质和量上都是有很大区别的。比如现代物流业不仅包含传统物流业的功能，而且包含信息、加工、集成等新的功能。物流业作为一个动态发展过程，其包含的范围会随着社会生产力的发展而不断拓宽。

3. 现代物流是一个多层次的概念

现代物流主要是为实现物体的时空价值和附加值而进行的有目的的活动。其价值的实现与其他企业比较相对复杂，既需要完善的物流设施和运输网络组成物流企业的活动平台和潜在的物流需求，又需要先进的企业组织和管理。由于现代物流具有共生或派生特性，实现模式多样，涉及领域广泛，行业分布广泛，其中的许多行业在产业性质、功能、生产技术及与经济发展的关系等方面都存在很大差异，形成了一个相互协调发展的支柱产业群，所以是一个多层次的相互协调的体系。

2.2.3 现代物流产业的特征

现代物流的本质特征决定了现代物流产业的特征，但物流产业的发展是现代物流企业集体发展的结果，具有与现代物流鲜明的区别。现代物流产业的主要特点如下。

1. 对相关产业及部门物流资源的整合性

物流产业的产生与发展是建立在与国民经济各产业部门资源整合的基础之上，将社会较为零散的物流资源进行重组与整合，作为回报向社会各产业部门提供具有个性化、差异化、标准化的物流服务。

2. 与国民经济各产业结构融合化

产业结构融合化又称产业结构重叠化或产业结构软化，指在知识分解和融合的基础上，由于大量新技术日益趋同而形成的知识产业群。物流是生产、消费和传统物流中知识分解，产业间物流知识和技术趋同与生产、消费和传统物流中知识渗透组合共同衍生出来的新的知识和技术密集型的产业。它借助于信息技术，将以前分属于多个行业的物流资源整合。同时，其产出融合于其他产业的产出之中。

3. 是现代服务业中的新兴产业

不仅具有服务产品的无形性、及时性、异质性和易逝性四大特征，而且具有现代服务业的三新（新技术、新业态、新方式）和三高（高知识含量、高技术含量、高附加值）特征。

4. 网络性

在现代经济和技术条件下，物流服务呈现的整合和集成特征是物流系统网络化的结果。现代物流在网络化基础上谋求物流过程的高效率、协调性和总体经济性。

2.2.4　现代物流的发展趋势

进入 21 世纪以来，全球经济一体化进程的加快，企业面临着尤为激烈的竞争环境。资源在全球范围内的流动和配置大大加强，世界各国更加重视物流发展对于本国经济发展、民生素质和军事实力增强的影响，更加重视物流的现代化，从而使现代物流呈现出一系列新的发展趋势。根据国内外物流发展的新情况，未来物流的发展趋势可以归纳为信息化、网络化、自动化、电子化、共享化、协同化、集成化、智能化、移动化、标准化、柔性化、社会化和全球化。

1. 信息化

现代社会已步入了信息时代，物流信息化是社会信息化的必然要求和重要组成部分。物流信息化表现在：物流信息的商品化，物流信息收集的代码化和商业智能化，物流信息处理的电子化和计算机化，物流信息传递的标准化和实时化，物流信息存储的数字化和物流业务数据的共享化等。它是现代物流发展的基础。没有信息化，任何先进的技术装备都无法顺畅地使用。信息技术的应用将会彻底改变世界物流的面貌，更多新的信息技术在未来物流作业中将得到普遍采用。

信息化促进了物流功能的改变，使得那些在工业社会里的产品生产中心、商业贸易中心发挥的主导功能发生了转变。传统的物流业以物为对象，聚散的是物；而信息社会是以信息为对象。物流不再仅仅传输产品，同时也在传输信息。例如，物流中心的聚散功能除针对实物之外，还要完成对各种信息的采集和传输，各种信息被聚集在一起，经过加工、处理、使用，再传播出去，供社会使用。总之，信息社会使物流的功能更强大，并形成一个社会经济的综合服务中心。

2. 网络化

网络化是指物流系统的组织网络和信息网络体系。从组织上来讲，它是供应链成员间的物理联系和业务体系。国际电信联盟（ITU）将射频识别技术（RFID）、传感器技术、纳米技术、智能嵌入技术等列为物联网的关键技术。这种过程需要有高效的物流网络支持。而信息网络是供应链上企业之间的业务运作通过互联网实现信息的传递和共享，并运用电子方式完成操作。例如，配送中心向供应商发放订单就可以利用网上的电子订货系统通过互联网来实现，对下游分销商的送货通知也可通过网上的分销系统甚至是移动手持设备来实现，等等。

3. 自动化

物流自动化的基础是信息化，核心是机电一体化，外在表现是无人化，效果是省力化。此外，它还能扩大物流能力、提高劳动生产率、减少物流作业的差错等。物流自动化的技术很多，如射频自动识别、自动化立体仓库、自动存取、自动分拣、自动导向、自动定位和货物自动跟踪等技术。这些技术在经济发达国家已普遍用于物流作业中。在我国，虽然某些技术已被采用，但达到普遍应用还需要相当长的时间。

4. 电子化

电子化是指物流作业中的电子商务。它也是以信息化和网络化为基础，具体表现为：业务流程的步骤实现电子化和无纸化，商务的货币实现数字化和电子化，交易商品实现符号化和数字化，业务处理实现全程自动化和透明化，交易场所和市场空间实现虚拟化，消费行为实现个性化，企业或供应链之间实现无边界化，市场结构实现网络化和全球化，等等。作为电子商务发展关键性因素之一的物流，是商流、信息流和资金流的基础与载体。电子化使得跨国物流更加频繁，对物流的需求更加强烈。

5. 共享化

供应链管理强调链上成员的协作和社会整体资源的高效利用，以最优化的资源最大化地满足整体市场的需求。企业只有在建立共赢伙伴关系的基础上，才能实现业务过程间的高度协作和资源的高效利用；通过资源、信息、技术、知识、业务流程等的共享，才能实现社会资源优化配置和物流业务的优势互补，快速对市场需求作出响应。近年来，一些新型的供应链管理策略，如VMI、CPFR、第四方物流、RSP 与 DI 等，都实现了信息、技术、知识、客户和市场等资源的共享化。

6. 协同化

市场需求的瞬息万变、竞争环境的日益激烈都要求企业具有与上下游进行实时业务沟通的协同能力。企业不仅要及时掌握客户的需求，更快地响应、跟踪和满足需求，还要使供应商对自己的需求具有可预见能力，并能把握好供应商的供应能力，使其能为自己提供更好的供给。为了实现物流协同化，合作伙伴需要共享业务信息、集成业务流程，共同进行预测、计划、执行和绩效评估等业务。而只有企业间真正实现了全方位的协同，才能使物流作业的响应速度更快、预见性更好、抵御风险能力更强、降低成本和增加效益效果更显著。

7. 集成化

物流业务是由多个成员与环节组成的。全球化和协同化的物流运作要求物流业中成员之间的业务衔接更加紧密，因此要对业务信息进行高度集成，实现供应链的整体化和集成化运作，缩短供应链的相对长度，使物流作业更流畅、更高效、更快速、更加接近客户和需求。集成化的基础是业务流程的优化和信息系统的集成。我国企业正面临着国内、国际市场更加激烈的竞争，面对资源在全球范围内的流动和配置大大加强，越来越多的外国公司加速加入中国市场，同时一大批中国企业也将真正融入全球产业链中。这将加剧中国企业在本土和国际范围内与外商的竞争，将对我国的物流业提出更高的要求。在新的环境下，我国的企业必须把握好现代物流的发展趋势，运用先进的管理技术和信息技术，提高物流作业的管理能力和创新能力，提升自己的竞争力。

2.3 现代物流评价相关理论

2.3.1 港口物流评价指标体系研究现状

Khalid Bichou 和 Richard Gray 从物流产业和供应链管理两个方面衡量港口物流的综合实力，构建了评价港口物流效率的指标体系。Peter B. Marlow 和 Ana C. 从定量和定性两个角度评价港口绩效，构建了港口绩效评价指标体系。李新然等（2012）综合考虑了港口状况、物流产业和腹地经济这三个方面，构建了港口物流产业集群竞争力的评价指标体系，并且针对环渤海地区的港口进行了实证研究。杨静蕾等给出了港口物流国际竞争力的定义，并建立了涵盖港口生产规模、港口物流能力、港口物流基础设施能力等 6 个指标的港口物流国际竞争力评价指标体系。王焰从物流服务角度对港口物流绩效进行了评价研究，建立了港口物流服务绩效指标体系，其中包括存货准确率、拣选准确率等 7 个指标。

现有研究的不足：现有研究的港口物流评价指标体系繁杂，反映信息重复，不利于实际应用；现有研究的评价指标不具有显著的代表性，不能全面地反映港口物流水平。如何用较少的指标反映较多的信息含量，是本研究的难点之一。

2.3.2 港口物流评价指标遴选方法的研究现状

1. 评价指标遴选的主观遴选方法

郭丽彬等从港口物流战略联盟角度出发遴选指标，建立港口物流战略联盟的评价指标体系，包含了港口的信息系统、运营能力、自然条件等 6 个二级指标，并进行了实证分析。童慧玲提出了港口物流的概念，从概念和作用的角度分析了港口物流的综合能力，把港口物流的功能大致分成了五大类，并根据分类的情况建立了港口物流的评价指标体系。徐金河在国内外研究的基础上，选取了其中有代表性的 14 个港口物流评价指标，构建了港口物流的评价指标体系，并对我国长三角的五个港口进行了实证分析。雷培莉等从港口物流的概念出发，通过专家访谈法，建立了港口物流竞争力的评价指标体系，涵盖了港口基本条件、物流运营能力、相关产业系统、协调支持状况 4 个方面，并进行了实证分析。王玲等提出了港口物流系统的概念，从港口物流的内涵角度分析并给出港口物流系统的组成构造，最终建立了一套港口物流系统的评价指标体系。

2. 评价指标遴选的客观遴选方法

Gi-Tae、Michael Roe 和 John Dinwoodie 在专家指标的基础上，通过因子分析的方法客观遴选出 18 个对港口物流重要的指标，并划分了 7 个准则层；而且，通过对中国、韩国的集装箱港口能力进行评价，找出了能提高港口竞争能力的因素。焦新龙等通过 Delphi 和 AHP 方法建立了层次分析模型，遴选出了港口物流绩效的评价指标体系，为指标的赋权打下了基础；并且对大连港、青岛港进行了实证研究，为港口的发展提供了决策依据。马永刚分析了港口物流的系统竞争力的内在原因，通过模糊综合评价法和层次分析法，对港口物流竞争力的指标进行了定量遴选，最终构成了港口物流竞争力的评价指标体系。徐新忠通过层次分析法以及灰色评价模型，遴选出了港口物流发展水平的代表性指标，包括港口物流规模、物流基础条件、发展潜力三方面的评价指标，最后对日照进行了实证分析。

2.3.3　城市物流评价

史秀平、刘志英、关志民等认为城市物流活动指标体系从 4 个方面即服务水平、成本、基础设施状况和现代化智能运输系统（ITS）的应用情况反映城市物流活动的整体水平。服务水平指标体系和城市物流效益反映货物承运人对货主配送需求的满足程度；物流基础设施是提高城市物流效率的必要条件，反映城市物流发展的潜力；现代信息技术指标体系主要反映了智能运输系统的应用，它具有为降低商品成本和解决社会问题提供有效办法的潜力。该评价指标体系的建立根据城市物流的定义及其内涵，从城市物流系统整体性出发，遵循指标体系建立的原则，建立了城市物流的评价指标体系，为进一步进行城市物流的规划、评估奠定了基础。

陶存新、陈定方认为城市物流能力是城市综合竞争力的重要内容，能极大地带动区域经济的增长。他们从城市物流能力的内涵入手，提出并建立了城市物流能力测算的数学模型，从城市物流能力的基础性、支持性、促进性和保障性 4 个方面提出了测评城市物流能力的指标体系，并进行了实例分析。

刘满芝、周梅华、杨娟等将数据包络分析法引入城市物流效率评价，建立了基于 DEA 的城市物流效率评价模型和指标体系。应用该模型对 2006 年江苏省 13 个城市的城市物流效率进行对比分析，从投入冗余和产出不足两方面分析非 DEA 有效单元的城市物流存在问题，并提出相应发展建议。

蔡虹从物流发展合理化程度、物流子系统效率、物流发展外部环境入手构建南京市物流业发展评价指标体系。李孟涛等从经济、产业、环境三方面选取 15 个具体指标构建了城市物流评价指标体系，并选取了辽宁省 14 个城市的具体数据进行了评价分析。

吕璞、王杨、徐丰伟认为城市物流评价指标体系实际上就是利用具体的指标将城市物流内涵、特征进行具体化、层次化的描述，为进一步的综合评价奠定基础。在参考总结以往研究的基础上，遵循评价指标选取原则，并结合资料的可得性，建立了包括物流发展能力、物流发展环境和能耗与环境的评价指标体系。

从以往研究可以看出，关于城市物流评价指标体系的研究都没有考虑物流服务辐射区经济水平对城市物流的影响。在研究中许多学者使用了 GDP、工农业生产总值等反映经济水平的指标，但都只是局限于城市范围内。正如前文所述，城市物流与其所服务区域内的经济发展有着非常紧密的关系。因此本书认为研究城市物流评价指标体系时必须考虑它与物流服务辐射区经济发展的相互关系。

田刚以江苏省 13 个地级市为样本，选取 6 个指标建立指标体系来反映城市物流发展水平。运用因子分析法对江苏省各地级市的物流能力进行了实证研究。结果表明，苏南城市的物流能力最好，苏中城市的物流能力较好，苏北城市的物流能力最差。

李莉、汤银英从城市物流能力的内涵分析入手，从内部因素和外部因素两个方面，建立了由 15 个指标构成的城市物流能力评价指标体系。运用因子分析法，对乌鲁木齐的城市物流能力进行了实证分析，得出 1990—2006 年乌鲁木齐各年城市物流能力的排序和比较分析。

2.3.4 绿色物流评价

赵丽君运用层次分析法（AHP）和模糊综合评价法的理论，将绿色物流综合效益分为经济效益、社会效益和生态效益。在此基础上提出和建构绿色物流综合效益评价模型，对绿色物流的综合效益进行量化，以证实绿色物流具有良好的综合效益。

福建华侨大学商学院的潘文军基于循环经济理论，认为绿色物流可从企业管理层次、区域经济层次和社会整体层次进行实践。基于该实践的绿色物流评价体系则从资源减量化、物品利用以及废弃物再循环三个角度展开。

杜道华、郑国华、张力敏等从资源节约和环境友好的角度，构建绿色物流评价指标体系，对建设两型社会具有重要的现实意义。在确立绿色物流评价指标体系原则的基础上，探讨了绿色物流评价指标体系的构建方法与思路，并从物流环境、物流基础、物流动作能力、绿色供应链、物流环境友好、循环经济 6 个方面提出了指标体系的具体指标要素。

袁泉、姚金江指出绿色物流是社会发展的潮流，绿色物流评价指标体系关系到绿色物流是否能够可持续发展。通过阐述绿色物流相关理论及绿色物流评价指标体系设计原则，基于层次分析法，构建出了包括物质基础类要素（物流设施、物理装备、物流工具、信息设施、组织及管理）、功能要素（绿色供应、绿色生产、绿色运输、绿色流通加工、绿色装卸）、支撑要素（体制和制度、法律和规章、行政和命令、标准化系统）在内的绿色物流评价指标体系。

罗勇在其《构建长株潭物流企业绿色物流评价指标体系探讨》一文中指出构建长株潭物流企业绿色物流评价指标体系首先就要选取合适的评价指标，采用职能维度和绿色维度两个方面来确定绿色物流评价指标，其中职能维度包括绿色运输、绿色仓储、绿色包装等；绿色维度包括百公里耗油、车辆装载率、运输破损率、运输准时率、存储破损率、货物周转率、仓库利用率、包装材料回收率、包装材料可循环使用比、包装材料与货物重量比等。

于书敏、郑翠翠基于循环经济的原则，从经济属性、社会属性及环境属性三个方面构建出吉林省绿色物流评价指标体系。运用层次分析法并结合问卷调查结果对各级评价指标的权重进行确定，采用模糊综合评价法对吉林省绿色物流进行综合评价，并根据评价结果提出相关建议来促进吉林省地区经济和物流的发展。

郭毓东、郝祖涛在现有绿色物流评价指标体系研究的基础上，构建适用于长株潭城市群两型社会的绿色物流评价指标体系，主要包括国家物流政策及配套、绿色物流经济性、绿色物流资源节约性、绿色物流环境友好性 4 个一级指标和 20 个二级指标，利用层次分析法来调整相应的权重系数，使用模糊综合评价法得出较为客观、合理的绿色物流发展水平评价。

2.3.5 物流绩效评价研究

王娟、黄培清建立了物流绩效的财务评价指标体系，主要考虑了 4 个方面的指标：与商流相结合的物流绩效的财务评价指标，主要包括销售净利率、销售毛利率、应收账款周转率及应收账款周转天数；与资金流相结合的物流绩效的财务评价指标，主要包括存货周转率、存货周转天数及营业周期；反映物流投入效果的财务评价指标，主要包括总资产周转率、净资产周转率；物流、商流与资金流综合的财务评价指标，用一个指标来衡量，即净值报酬率。

王焰针对物流服务方面进行了绩效评价。他认为物流服务绩效应包括 7 个指标，即准时装运率、准时交货率、拣选准确率、订货完成率、品类完成率、存货准确率、差错损失率；同时还对常用的绩效评价标准进行调查，设置了物流服务绩效评价的标准。

王成认为物流绩效评价应考虑下列指标：订货周期、配送频率、配送可靠性（及时配送率）、送货完好性、订货状况信息、单据质量、配送差错率、货物残损率、信息准确率、库存周转率、存货可获性、订单完整性等。王成所设计的物流绩效评价指标主要涉及了物流的效率和质量问题，有些指标也属于客户服务的范围，但未考虑顾客满意度等指标，此外，也未涉及物流成本及物流效益方面的指标。因此，其指标体系是不全面的。

刘秉镰、王鹏姬依托平衡计分卡的分析构架，建立了“3 + 1”物流企业绩效分析的模型，即财务绩效评价、客户业绩评价、内部经营业绩评价和学习创新绩效评价 4 个方面。该指标体系是目前较为合理、完善的。

魏新军认为，现代物流绩效的衡量实质是现代企业物流能力、竞争能力、发展能力的衡量，并且选择了 7 个一级指标，即物流成本费用、客户服务、生产率、资产衡量、质量、适应外界环境能力以及客户满意程度，其指标的涉及面也是比较全面的。但作者认为，在指标的选取中还应考虑物流的经济效益。

张宝友、黄祖庆、吕旭芬对物流绩效评价方法进行了研究。从选择评价指标数量角度来区分，现代企业物流绩效评价方法可分成单一评价方法和综合评价方法。所谓单一评价方法，是指选择单一指标，计算指标的实际值，并把它与所设计的标准进行比较，进而对企业物流绩效作出评价结论，如经济增加值法（EVA）。综合评价方法是以多元指标体系为基础，在评价指标、评价标准和评价结果间建立一定的函数关系，通过计算得出此函数关系的综合绩效评价结果。由于单一评价方法所选指标较单一，不能全面地反映评价对象的绩效，故已不常用；采用综合评价方法对企业物流绩效进行评价逐渐成为一种趋势。分别从定性、定量和定性与定量相结合三个角度对其展开讨论。

潘文荣在其《企业物流绩效评价指标体系的构建》一文中提到，建立一套企业物流评价指标体系对企业物流的绩效进行判断、评价，从而为企业改善现行物流体系提供参考依据具有重要意义。为保证评价指标体系的有效性、科学性，在遵循指标体系建立的原则下通过分析研究认为企业物流绩效评价的指标体系可为三层。一级指标可设置为运输、库存、订单处理、包装、财务、信息。各一级指标又可分为众多的二级指标。

2.3.6　逆向物流评价研究

熊峰认为在电子商务环境下，第三方逆向物流模式是最适合现有条件下我国企业对逆向物流的迫切要求的，并构建了对第三方逆向物流提供商的评价指标体系，主要包括管理水平（回收中心回收速度、库存周转率、拆解加工中心平均处理效率、管理人员比重）、技术实力（技术人员比重、拆解加工设备技术领先程度、开发创新能力、技术改造资产比重、专利拥有比例）、信息化水平（信息标准化程度、信息接收速度、信息处理速度、信息应用程序、信息安全性）、运输能力（车辆情况、时间的准确性、适用性、网络性）、协调能力（均衡率、聚合力、沟通水平、物流服务的满足率）、成本因素（回收成本、回收产品转让价格、信息成本、再配送成本、机会成本）。通过模块化神经网络这一强有力的工具，可以对第三方逆向物流企业进行科学客观的评价。

李化在考虑多方面的因素基础上建立了逆向物流评价指标，主要包括财务水平（固定资产投资率、回收产品成本、净资产收益率）、再制造水平（再制造率、产品满意率）、仓储水平（回收仓容利用率、回收产品准确率）、配送水平（回收实载率、货物运输安全率）。通过层次分析法对每个指标进行权重排序，可以方便地进行逆向物流项目的评价，对发现逆向物流项目所存在的问题有很重要的现实意义。

岳辉、钟学燕、叶怀珍分析了客户企业在评价第三方逆向物流企业时要考虑的影响因素，在进行了多角度、多透视点的分析之后，具体从第三方逆向物流企业的管理水平、技术实力、信息化水平、运输能力、协调能力和成本因素6个方面进行综合的考虑；并基于三角模糊数和模糊层次分析法建立算例，详述了对第三方逆向物流企业的评价过程。

代应、蒋长兵面对日益短缺的自然资源和严重破坏的生态环境，为促进报废汽车有效回收与利用，以循环经济的3R原则为基础，构建了汽车逆向物流系统结构模型。基于绿色度评价准则，构建了汽车逆向物流系统的评价指标体系，主要包括环境、资源、经济、技术、社会5个维度。提出了模糊综合评判法、数据包络分析法、层次分析法相结合的综合评价方法，最后以一个案例对提出的理论与方法进行了说明与验证，为汽车逆向物流的有效运作提供参考。

程广平、刘威认为逆向物流运作模式各有特点，我国企业如何根据自身状况和市场环境的变化来选择适合本企业的逆向物流运作模式，成为构建企业逆向物流系统的首要问题。根据我国逆向物流系统特点，按照系统性、可比性和相对稳定性、系统柔性、定性指标和定量指标相结合及科学性的原则，提出我国逆向物流运作模式选择决策的评价指标体系，主要包括服务价格、规模和实力、技术因素、服务因素、信息反馈、政策因素、产品因素7个方面。

吴容、李文在对逆向物流绩效评价已有研究成果进行综述的基础上，结合逆向物流的特征，考虑到评价角度和出发点的不同，本着目的性、代表性、可操作性、定性和定量相结合、动态长期性的原则，选取了技术实力、信息化水平、作业效率、成本节约、与企业之间的战略性联盟和服务能力6个指标作为评价第三方逆向物流服务的评价指标；并利用改进的DEA模型对绩效进行动态评价，最后通过算例对该方法进行验证。

2.3.7 物流成本评价

胡晓燕根据现代物流企业供应链的主要特征提出了供应链绩效评定指标，

用模糊评价法实现了对供应链绩效的评定；以供应链绩效评价为基础，制定出影响物流成本的若干指标，提出了评价指标的状态指数和指数权值以及成本指数的概念，构架了基于成本指数的物流成本评价体系的原型结构，形成了以供应链绩效评价为基础、以成本指数为主线的物流成本的评价体系。

谈贵军、史峰、秦进在相关统计数据的基础上，论证了以铁路、公路和水路货物运输业来衡量中国物流业发展水平的合理性；采用主成分分析法分析宏观物流成本评价指标——社会物流总费用与 GDP 的比例及各影响因素之间的关系，得到该指标受经济结构影响显著，不能充分反映实际的物流业发展水平的结论；在此基础上，提出新的评价指标——社会物流总费用与社会物流总额的比例，分析结果表明，该指标受经济结构影响小于其他因素，能更直接地反映物流业发展水平，可以作为不同经济结构情形下宏观物流成本的评价指标。

刘巧茹通过边际分析理论与最优化经济数学模型在物流成本方面的评价，建立物流成本控制评价体系，再对其进行有效的评价，可以挑选到合理的成本控制方案。根据评价的结果还可以发现在物流成本控制的某些环节存在的问题，并及时解决以提高资源的利用率。

连桂兰、李克宁提出了一套物流成本管理的评价指标体系，并将模糊层次分析法应用于物流成本管理水平的评价，阐释了应用模糊层次分析法评价物流成本管理水平的意义和具体过程。

侯玉梅、王利国、孙序佑等首先对物流成本及物流成本控制进行了介绍和分析，同时介绍了物流成本的一些特性，然后针对目前很多企业不知道自己的总物流成本状况及如何考核自己的综合物流成本水平，提出了新的评价企业物流成本水平的模型，通过该模型给企业的物流成本打出的分数，参考成本分值与物流成本水平对照表，便可知道自己的物流成本水平情况，并对每一成本水平给出相应的对策，为企业制定物流成本控制政策提供依据。最后用算例对这一模型进行解释，以便企业很好应用这一模型。

王东生分析供应链物流成本的具体动因，并运用 FAHP 确定各动因对供应链物流成本的影响程度。以某企业为案例，运用 FAHP，从供应链角度对其物流成本管理水平进行量化，确定了该企业供应链物流成本管理的重点。

刘竑冶、邱仁义认为对企业物流成本进行有效的控制，可以提高企业的效益。为了更好地了解企业在物流成本控制方面是否合理，并为企业物流的方案选择提供理论依据，从运输成本控制、装卸搬运成本控制、储存成本控制、包装成本的控制和各环节之间衔接协调的控制 5 个方面构建了多级评价指标体系。运用模糊数学方法，建立了企业物流成本控制能力多级模糊综合评价模型。实例应用结果证明了该方法的有效性。

第3章　港口物流绩效评价
——以河北省为例

2010年以来，在国家扩大内需政策的推动下，物流市场整合步伐加快，呈现出明显的季节性和结构性变化。2011年，中国物流运行形势总体良好，社会物流总额达到158.4万亿元人民币；按可比价格计算，同比增长12.3%。2012年1~7月，中国社会物流总额为98.3万亿元人民币；按可比价格计算，同比增长9.8%。总体来看，社会物流需求仍然保持适度增长，为国民经济平稳运行提供了有力支撑。

物流行业的快速发展，一方面为保证国民经济协调、平稳、较快发展起到了基础和支撑保障作用；另一方面也成为调整产业结构、转变经济发展方式、开拓新经济增长点的重要手段。2011年，我国工业物流整合速度加快，商贸物流整合趋势明显。2013年，国内首个物流采购平台中国物流商城诞生。《商贸物流发展专项规划》指出，到2015年初步建立一套与商贸服务业发展相适应的高效通畅、协调配套、绿色环保的现代商贸物流服务体系。

未来中国物流产业将进入更高层次的发展阶段，并呈现一些新的发展趋势与特征。伴随着国民经济的快速稳定发展，物流产业规模将继续快速扩张；与经济结构和产业布局调整相适应，物流产业的集中度将进一步提升；随着物流市场的不断扩大，物流产业内的分工将越来越细；物流产业发展的制度环境将日趋规范，市场秩序与环境条件也将进一步优化。各级政府陆续出台的相关配套政策，为我国物流业发展创造了良好的外部环境。“十三五”期间，中国经济有望继续保持平稳较快增长，物流行业面临重大发展机遇。农村物流、零售业物流等细分市场投资前景乐观。

物流业在促进产业结构调整、转变经济发展方式和增强国民经济竞争力等方面发挥着非常重要的作用。随着我国经济的快速发展，物流业在我国的发展速度很快，在经济发展中扮演着重要的角色，逐渐成为企业发展的“第三利润源泉”，已成为我国经济发展的一大新的经济增长点。

随着经济全球化、贸易自由化进程的加快以及科学技术的迅猛发展，更多的生产经营活动和资源配置突破国家与地域的限制在全球范围内进行。这就造成越来越多的货物要在全球范围内进行运输，而国际物流量90%以上依靠海运完成，因而港口成为国际物流网络中的一个重要组成部分。经过几十年的发展，港口功能有了很大的拓展，已由传统的装卸运输业发展到现代化综合物流业。

港口作为综合运输的枢纽、国内市场与国际市场的接轨点、国内经济与国际经济的交汇点，是各种生产要素的集合点，集物流服务中心、商务中心以及信息服务中心于一体。由于港口强大的集疏运能力及其在国际物流网络中的组织作用，港口已经成为现代物流业发展的主导和重要领域。

港口的新功能及其在国际物流链中的重要地位对港口自身也提出了新的要求。为顺应现代物流发展的要求，港口必须逐步提高自身的能力，港口物流能力的强弱对于港口的生存和发展有着至关重要的影响。研究港口的物流能力对于港口自身的建设、提高港口在物流网络组织中的地位及促进我国乃至世界港口物流的发展都有着非常重要的意义。

3.1 港口物流的含义和特征

3.1.1 港口物流的含义

1. 港口的含义

港口是具有水陆联运设备和条件，供船舶安全进出和停泊的运输枢纽。它是水陆交通的集结点和枢纽，工农业产品和外贸进出口物资的集散地，船舶停泊、装卸货物、上下旅客、补充给养的场所。由于港口是联系内陆腹地和海洋运输（国际航空运输）的一个天然界面，因此，人们也把港口作为国际物流的一个特殊节点。

现代的港口的含义更加丰富，已经从原来的交通中心转变成为区域的经济中心，并逐步成为国际贸易的中心节点。随着经济的快速发展，港口功能也会跟着逐步扩展，在经济中发挥着越来越重要的作用。

港口作为中国与国际的接轨点，已经成为人流、物流、资金流、信息流的聚集点。在中国，沿海港口主要是围绕着集装箱、原油、煤炭、出海航道等运输装卸系统进行的。近几年主要是加强了集装箱运输装卸系统的建设。上海港、深圳港、青岛港等多个大型港口，采用现代化的技术手段，重点建设了深水集装箱码头，为中国港口物流的建设奠定了基础。到 2012 年，我国规模以上港口完成货物吞吐量总额达到97.4 吨，同比增长了7.4%。我国的港口具有良好的发展势头。

2. 港口物流的含义

随着世界经济一体化和贸易自由化的进程的加快以及运输集装箱化和现代信息系统的产生，物流的内涵和外延正在逐渐扩大。现代物流是由运输、仓储、装卸搬运、包装、流通加工和物流信息流通等诸多环节构成的综合服务体系。港口作为全球综合运输网络的节点，更确切地说是稀缺节点，其功能也在不断拓宽，并朝着提供全方位增值服务方向的现代物流发展。由于港口独特的地理位置及在整个物流体系中的重要地位，港口物流作为一个独立的概念被提出。

由于目前国内外对港口物流的研究还处于起步阶段，关于港口物流的概念国内还没有一个公认的定义。综合许多专家、学者的研究，作者比较认同的是学者张丽君在2005 年对港口物流的界定。港口物流是指中心港口城市利用其自身的口岸优势，以先进的软硬件环境为依托，强化其对港口周边物流活动的辐射能力，突出港口集货、存货、配货特长，以临港产业为基础，以信息技术为支撑，以优化港口资源整合为目标，发展具有涵盖物流产业链所有环节特点的港口综合服务体系。港口物流是特殊形态下的综合物流体系，是作为物流过程中的一个无可替代的重要节点，完成整个供应链物流系统中基本的物流服务和衍生的增值服务。

3. 港口物流的功能

（1）经济贸易服务功能。

港口从古至今都是境内外贸易的重要中转站，港口的出现大大便利了各种贸易的运输时间和缩短了运输的路程，带动了国家经济贸易往来的开展。随着海洋优势的发现，各个发达国家陆续把海洋港口作为经济贸易的重要窗口，并通过海洋开辟了一系列的殖民地。随着经济全球化趋势的加强，国与国之间的经济交往日益密切，现代化的港口便利了国家之间、区域之间贸易的开展，利用港口作为开展贸易的平台，大大提高了国家之间、区域之间的贸易往来，促进了商业繁荣，进而带动了物流业的发展，形成良性循环，商贸进一步发展。

（2）综合服务功能。

传统的港口主要是作为货物装卸基地和中转站，也就是把货物通过港口进行转运船舶运输或者通过船舶运输转运到其他运输方式的停靠点。通过港口的中转，实现货物的空间转移。随着经济的发展，临海工业的发展，港口便利的交通运输条件，使得一些原材料生产企业和产品运量大、需要把港口作为水运条件的企业，直接把港口作为生产基地，进行原材料的配送，进而带动了港口所在城市工业的发展。同时通过港口还可以为港口所在城市提供旅游服务，促进了房地产业、金融等各项业务的开展。现代化的港口已经成为集工业、商业、旅游、运输、服务等各项服务于一体的大型服务场所。

（3）流通功能。

目前，港口不仅具有传统的货物储备和搬运的功能，更多的是利用现代化的信息技能进行现代化的运输、仓储，利用现代化高效的配运方式对货物进行配送，开展现代化运输，将仓储、包装、保税、加工、销售、批发、展览、航运交易以及信息管理等涉及多种环节的功能集成化，用供应链综合系统的功能整合从发货人到收货人的整个物流服务过程，使物流的“门到门”得到优化。现代化信息流必然带动港口资金流，也必然带来配套的金融服务，进而带动金融业的发展。

3.1.2 港口物流的特征

1. 港口物流产品的特殊性

港口物流是为解决生产和消费空间（时间、性质）矛盾组合而成，港口物流需要投入各种人力资源、物力资源、能量资源和信息资源，但经过调控、运转、消耗，输出的不是有形的另一特质的物质产品，而是无形的服务：货物的装卸、运输、储存等服务。这种服务的内容、要求、方式是用户率先规定了的，即“约定在先，服务在后”。目标功能的特殊性，揭示了评价物流效益应相应把用户的满意度作为首要标准，港口物流管理的重点是过程和服务。

2. 港口物流个性化、柔性化、差异化与敏捷化

能根据客户要求，实现物流个性化、柔性化、差异化、敏捷化，加强同终端物流、干线物流的联系与合作，及时有效地为客户处理小批量、多货种、短周期的物流，提高客户的满意度与忠诚度。

3. 港口物流效率高、费用低

许多港口企业实行战略联盟，充分发挥各种物流设施和各种运输方式的比较优势，统筹协调，相互配合，实现交通运输的无缝衔接，提高了运输的整体效率和综合运输效率，实现了“零仓储”和“门到门”运输，减少了货物在途时间，加快了货物周转，大幅降低了物流费用。

4. 港口物流具有集散效应

港口作为国际运输体系的节点，因国际货物的装卸和转运产生了装卸公司、船运公司和陆地运输公司；又因船舶的停靠产生了船舶燃料给养供给、船舶修理和海运保险；在货主和船公司之间还形成了无船承运人、货物代理和报关代理等中介公司。随着现代物流的形成和发展，围绕港口的新型企业则是以物流增值作业为特色的物流园区和物流中心。港口对一个地区或城市的对外开放和发展外向型经济起到了得天独厚的作用。从国际上看，凡是发达的综合性港口，它所依托的城市就发达，且多是区域性、国际性的经济中心。

3.2　港口物流与经济发展的关系

中国拥有 1.8 万千米海岸线，11 万千米内河航道，承担着 9% 的国内贸易运输和 85% 以上的外贸货物运输，沿海沿江有 1460 多个商港。2003 年，我国沿海港口与内河港口分别完成货物吞吐量 19.8 亿吨与 6.5 亿吨，比 2002 年增长 18.6% 和 14.7%。上海、大连、秦皇岛、天津、宁波、青岛、广州、深圳八大港口货物吞吐量超过亿吨。加上香港、高雄，我国亿吨大港口已占世界亿吨大港口半壁江山，其中上海港超过 3 亿吨，成为世界第三大港。集装箱吞吐量强劲增长，成为我国港口经济的最大亮点。2003 年完成 4800 万标箱，跃居世界第一，比 2002 年增长 31%。其中上海港、深圳港分别完成 1128 亿标箱和

1062万标箱，分别列世界集装箱大港第三位和第四位。香港突破2000万标箱，雄踞全球龙头老大。港口下放和港口体制改革，推动了港口发展新一轮热潮。地方政府抓住机遇，纷纷提出“港口兴市”新战略。

加入WTO，加快了港口国际化、市场化进程。2003年出台的《中华人民共和国港口法》成为我国港口发展史上的一个里程碑，标志着我国的港口法制建设上了新台阶，港口管理步入了依法行政、以法治港的历史新阶段；将推动港口经济市场化的良性发展，促进港口管理加速与国际接轨。按“十五”规划，我国将建设164个深水泊位，新增吞吐能力3.4万吨，其中集装箱泊位69个，新增吞吐能力1940万标箱；新建大型原油和矿石接卸泊位各3个，新增吞吐能力各3000万吨；新建与改造内河泊位200个，新增吞吐能力2500万吨。2003年，完成港口投资206亿元，同比增长48.8%；沿海港完成中级以上泊位45个，其中深水泊位36个，新增吞吐能力8220万吨。按2010年、2020年中长期港口发展规划，对长三角、环渤海、华南和东南沿海、西南沿海四大区域经济的港口货源进行整合，加快上海国际航运中心的建设，加快建设20个枢纽港，提高码头泊位大型化和专业化水平，加快增深长江口等出港航道水深，使港口成为综合运输的核心枢纽。

港口已成为我国对外开放的门户和窗口，对外开放的港口已有140多个。中国已与50多个国家签订了海运协定，已有30多个国家近百家境外航运公司获准在中国港口开辟集装箱班轮航线。主要依托港口与航空港设立的保税区进出口贸易与物流快步增长。到2003年，已设立保税区15个，封关面积43万平方千米。2003年实现进出口货物总值527.8亿美元，增长66%。其中出口185.44亿美元，增长59.7%；进口342.36亿美元，增长69.6%；仓储物流企业进出口总值达到262.12亿美元，增长108.2%；保税区货运总量达1596.28万吨，增长81.6%。保税区已成为区域经济发展的增长极和具有辐射带动作用的重要功能区，并已进入扩区发展的新阶段。

从以上现实分析，可以得出三个基本结论。

第一，改革开放以来，中国的港口建设与港口经济，特别是港口物流有了长足的发展，成为全国经济发展的一颗明珠，必将在推动中国经济发展中起到越来越重要的作用，而港口的这种作用是无法替代的。

第二，港口管理的体制改革是港口经济发展的强大动力。港口下放、港口开放、政企分开与港区联动是四大杠杆。港口经济特别是港口物流将越来越显现其强大的生命力与发展力。

第三，港口经济特别是港口物流的最大问题是国际化、市场化、现代化程度低，对经济建设与社会发展的适应度不足，且结构性矛盾十分突出。解决这些矛盾是“十五”“十一五”的主攻方向。

3.3　港口物流的发展趋势

根据《中国港口物流行业市场前瞻与领先企业经营分析报告前瞻》分析，现代港口的发展趋势主要表现在：第一代港口的主要功能是装卸和仓储，第二代港口的主要功能是提供分拨、配送等增值业务，第三代港口的主要功能是为客户提供全方位、高附加值的物流服务。这是因为港口是水路运输的枢纽，具有整合生产要素的功能，可促进多式联运的发展，还是主要的信息平台。

纵观港口物流的发展趋势，可以发现它经历了如下四个发展阶段：①传统物流阶段——运输、转运、储存；②配送物流阶段——运输、转运、储存、拆装箱、仓储管理、加工；③综合物流阶段——信息化、网络化，集商品流、信息流、资金流、人才流于一体；④港口供应链阶段——全球物流、共同配送，主动参与和组织与现代物流有关的各个物流环节的活动及其衔接与协调。而现代港口物流的特点主要表现为：①大物流——物流产业内部的合作与整合；②高科技——物流系统智能化、柔性化；③信息港——统一的港口物流信息平台；④一体化——高增值物流园区。

在未来一个时期，中国的港口仍处于大建设、大发展阶段。中国交通运输部通过积极研究分析国际国内形势对港口物流业发展的影响，将争取尽快出台针对性政策措施，引导中国港口物流业的可持续发展。中国港口物流业有着巨大的发展潜力和广阔的市场空间。

3.4　港口物流能力评价指标体系的构建原则

港口物流能力评价指标体系的选取关系到评价结果的准确性，关系到港口物流运作企业的未来发展，最终将对提高港口物流综合实力、实现港口现代化有着直接重要的影响。影响港口物流的因素很多，是不是把所有的指标都包括进来就是好的评价指标体系呢？事实上并非如此，一个好的评价指标体系除了能够解释和反映港口物流的大部分情况外，还要抓住那些关键的指标。因为每个指标都反映了港口物流的某个方面，如何才能正确地、科学地构建港口物流能力的指标体系呢？本书结合港口物流具体的运作流程，提出以下构建评价指标体系的主要原则。

（1）代表性原则。

多指标综合评价是一种全面性的评价，很多指标都可以从不同侧面反映港口物流能力，在实际研究中，不可能把所有的汉字表都考虑进来。在选取指标时，必须抓住主要指标、关键指标，并进行明确定义。比如既要包括要素能力指标，也要包括管理运作指标。只有这样，才可能将影响港口物流复杂和多变的因素给予综合的评价。

（2）经济性原则。

任何经济活动都要考虑成本，构建评价体系也不例外，要考虑实际获取数据时的操作成本，所以建立的指标体系要适中，指标体系太小会导致评价结果的错误或不全面，指标体系太大则操作起来比较复杂、成本高，所获取的结果就会得不偿失。

（3）可得性原则。

第一个原则说评价指标要有代表性，但是仅仅考虑指标的代表性是不够的，评价指标还应该是可行的。意思是说指标的具体数值或是相对数值可以通过一定的途径、一定的方法获取到，不涉及港口企业的隐私，否则所建立的指标是没有价值的。

（4）科学性原则。

港口物流能力评价指标体系必须遵循港口物流发展规律和运作规律，采用科学的方法和手段。确立的指标必须是能够通过观察、测试、评议等方式得出明确结论的定性或定量指标。结合资源环境承载力定量和定性调查研究，指标体系较为客观和真实地反映所研究系统发展演化的状态。从任何角度和侧面进行港口物流能力衡量，都应坚持科学发展的原则，统筹兼顾。指标体系过大或过小都不利于作出正确的评价，因此，必须以科学态度选取指标，把握科学发展规律，提高发展质量和效益，以便真实有效地作出评价。

（5）定量性原则。

由于港口物流自身的特点，港口物流能力评价指标尽可能能够通过一定的数字体现出来，因为定量分析的主观随意性比较小，能够客观地反映港口的实际物流能力。

（6）系统性原则。

港口物流是现代物流最重要的组成部分。系统性要求在确定评价指标体系时坚持全局意识、整体观念，把港口物流看作一个大系统，指标体系要综合地反映港口物流中各子系统、各要素相互作用的方式、强度和方向等各方面的内容，是一个受多种因素相互作用、相互制约的系统的量。因此，必须把港口物流视为一个系统问题，并基于多因素来进行综合评估。

（7）综合性原则。

任何整体都是以一些要素为特定目的综合而成的。港口物流能力评价作为一项系统性、综合性极强的工作，是由港口、物流等多种要素构成的综合体。这些要素是多种结构联系、领域交叉、跨学科综合，因此仅仅根据某一单要素进行分析判断，很可能作出不正确甚至错误的判断。国土规划应综合平衡各要素，要考虑周全、统筹兼顾，通过多参数、多标准、多尺度分析、衡量，从整体的联系出发，注重多因素的综合性分析，求得一个最佳的综合效果。

（8）层次性原则。

层次性是指指标体系自身的多重性。由于港口物流内容涵盖的多层次性，指标体系也是由多层次结构组成，反映出各层次的特征。同时各个要素相互联系构成一个有机整体，港口物流能力是多层次、多因素综合影响和作用的结果，评价体系也应具有层次性，能从不同方面、不同层次反映港口物流能力的实际情况。一是指标体系应选择一些指标从整体层次上把握评价目标的协调程序，以保证评价的全面性和可信度。二是在指标设置上按照指标间的层次递进关系，尽可能体现层次分明。通过一定的梯度，能准确反映指标间的支配关系，充分落实分层次评价原则。这样既能消除指标间的不相容性，又能保证指标体系的全面性、科学性。

3.5 结构方程模型（SEM）概述

结构方程模型（Structural Equation Model，SEM）不同于其他的统计分析方法，是一种比较通用的建模方法，是利用线性回归模型的基本原理和建模技术，并结合因子分析法，研究潜在变量和可测变量之间的相关关系。结构方程模型有时候也叫线性结构模型或者协方差结构模型。目前，关于结构方程模型还没有统一的、大部分学者公认的定义。本研究结合国内外众多学者的研究，将结构方程模型定义如下：结构方程模型是主要研究潜变量之间以及潜变量与可测变量之间的因果关系的因子分析模型的综合。

3.5.1 结构方程模型特点

结构方程模型属于方程式的体系，其方程式中主要包括随机变量和非随机变量。随机变量由可测变量、潜在变量以及随机误差项组成。学者 Bollen 与 Long 明确指出："SEM 是经济计量、社会计量与心理计量发展过程中的合成物。"因此，结合上文的表述，结构方程模型主要有两种子模型，即测量模型与结构模型。

（1）测量模型（Measurement Model）。测量模型主要反映的是潜变量与可测变量之间的关系，有时候也称为验证性因子分析模型，一般包括两个方程式，具体形式如下。

$$\boldsymbol{X} = \wedge \boldsymbol{X}\xi + \sigma \quad (3-1)$$

$$\boldsymbol{Y} = \wedge \boldsymbol{Y}\eta + \varepsilon \quad (3-2)$$

在式（3-1）、式（3-2）中，$\boldsymbol{X}$ 表示外源可测变量组成的向量矩阵；$\boldsymbol{Y}$ 表示内源可测变量组成的向量矩阵；$\wedge\boldsymbol{X}$ 表示外源可测变量在外源潜在变量上的因子载荷矩阵，反映了外源可测变量与外源潜在变量之间的相关性；同理，$\wedge\boldsymbol{Y}$ 表示内源可测变量在内源潜在变量上的因子载荷矩阵，反映内源可测变量与内源潜在变量之间的相关性；σ 和 ε 分别为可测变量 $\boldsymbol{X}$ 与 $\boldsymbol{Y}$ 的随机误差项；ξ 与 η 分别为 $\boldsymbol{X}$ 与 $\boldsymbol{Y}$ 的潜在变量。

（2）结构模型（Structural Model）。主要反映了潜在变量之间的关系，因此有时也称为潜变量因果关系模型。只有一个方程式，具体形式如下。

$$\eta = \boldsymbol{\beta}\eta + \boldsymbol{\Gamma}\xi + \zeta \quad (3-3)$$

式（3－3）中，η 和 ξ 分别是内源潜在变量和外源潜在变量；$\boldsymbol{\beta}$ 是 η 的系数矩阵，也是内源潜在变量间的通径系数矩阵；$\boldsymbol{\Gamma}$ 是 ξ 的系数矩阵，即外源潜在变量与对应内源潜在变量间的通径系数矩阵；ζ 为随机误差项，是模型中除了 η 和 ξ 之外的对该方程的影响因素。

在一般情况下，模型都认为可测变量和潜在变量是经过标准化的，并且满足下列条件：

①$E(\zeta)=0, E(\sigma)=0, E(\varepsilon)=0, E(\eta)=0$；

② ε 与 ζ 协方差为零，σ 与 ξ 协方差为零，ε 与 η 协方差为零；

③ ζ 、σ 及 ε 两两协方差均为零。

利用结构方程模型软件作图时，矩形表示可测变量，椭圆形表示潜在变量，双向的因果关系用双箭头表示，主要连接相关的潜在变量，单向的因果关系用单箭头表示，并且箭头指向被解释变量，如果单向箭头指向潜在变量或者可测变量的变量，表示未被解释变量的随机误差项。

本研究结合上述介绍的结构方程模型的基本理论和前人的研究成果，对结构方程模型的特点归纳如下。

①结构方程模型必须有一定的理论基础，根据该理论基础提出一定的假设，然后对该假设进行验证，我们把结构方程模型的这种特点称为理论先验性。在分析过程中一般遵循以下步骤：第一，界定潜在变量和可测变量，并根据一定的理论基础假设可测变量和潜在变量以及潜在变量与潜在变量之间的关系；第二，搜集数据，并利用相关软件对数据进行处理，计算相关参数以及对模型进行修正；第三，对修正后的模型重复上述步骤，但是每一步都必须具备一定的理论基础和逻辑推理。

②结构方程模型适合于大样本的分析，对样本的要求一般在 100 以上，如果可测变量存在一定的测量误差并不影响其分析结果。

③结构方程模型的核心是对协方差的运用，也可以处理平均数估计。

④结构方程模型非常重视利用多种统计指标变量。

⑤结构方程模型允许潜在变量由多个可测指标变量构成，并可同时估计因子结构和因子关系。

⑥结构方程模型跟其他的统计方法相比，其主要优势在于可以研究潜变量与可测变量之间的相关性以及潜在变量与潜在变量之间的相关性。

3.5.2 结构方程模型拟合优度检验

其他统计模型如线性回归模型，在参数估计出来后还要对其进行经济意义检验和统计检验等，结构方程模型也不例外，在参数被估计出来以后，也需要对其进行拟合优度检验，并对结果进行综合分析。结构方程模型主要通过计算拟合指数并对其进行分析，主要目的是分析假设模型与实际观测数据的拟合程度。如果拟合优度达不到标准，则表示提出的假设模型存在一定的问题，可能是模型设定得不合理、原始数据不符合基本假设的要求或者技术上的问题等，都会导致假设与实际数据无法很好地拟合。

结构方程模型的拟合优度检验主要包括参数的合理性检验和参数的显著性检验，主要用以评价参数是否符合现实意义。在结构方程模型中所有需要估计的参数都要经过检验，但是在检验过程中使用的指标不尽相同。下面是不同学者对参数检验使用的主要指标的总结。

（1）卡方检验（χ^2 test）。表示模型的绝对拟合指数，因构造的统计量 $S-\sum(\theta)$ 满足卡方分布，故得名。从构造的统计量可以看出，卡方检验主要是用来衡量协方差 S 与期望方差 $\sum(\theta)$ 之间的差异，检验所建立模型的绝对拟合优度，属于模型整体检验的最常用指标。通常 χ^2 越小，表示 S 与 $\sum(\theta)$ 之间的差距越小，说明所建模型拟合程度越高。

（2）卡方自由度比值（χ^2/df）检验。这是在卡方检验的基本理论下延伸出来的一种检验方法。依照公式χ^2/df，在对结构方程模型的拟合优度进行检验时，可以计算卡方与自由度的比值——正规卡方值。χ^2/df 比值越小，表示所建立的结构方程模型拟合优度越好，否则拟合优度越差。按照经验，χ^2/df 比值小于 2 时，说明模型拟合优度比较高。

（3）NFI（正规拟合指数）和 NNFI（非正规拟合指数）检验。这两种指数是一种相对拟合指数，根据嵌套模型的比较原理计算得出，反映的是一个观察变量与结构方程模型间没有任何共同假设的独立模型的差异程度。当样本容量比较大时，一般使用该指数，此时具有较高的参考价值，当且仅当 NNFI > 0.95（有的学者要求 NNFI > 0.90）时，认为模型具有较高的拟合优度，拟合较好。

（4）CFI 指数检验。与 NFI（正规拟合指数）和 NNFI（非正规拟合指数）相同，也是反映了一个观察变量与结构方程模型间没有任何共同假设的独立模型的差异程度。不同的是该模型主要适用于小样本拟合优度的检验，一般认为 CFI > 0.90 时，模型具有较高的拟合优度，拟合较好。

（5）RMSEA 指数检验。该指标不受样本大小的影响，也不受模型复杂程度的影响。一般来说，RMSEA 指数值越小，即越接近于 0，说明模型拟合优度越好。

3.6　河北省港口物流能力评价指标体系的建立和求解

3.6.1　河北省港口物流能力评价指标体系的建立

由于港口物流能力的影响因素很多，所以要对港口的物流能力进行评价，首先必须确定港口物流能力评价的指标体系。对于究竟该如何确定港口物流能力评价的指标体系，本书在综合前人研究的基础上，选取了港口物流要素能力、港口物流规模能力、港口物流运作能力、港口腹地经济能力、港口物流发展能力等能力评价指标，如表 3 - 1 所示。

值得注意的是，在以往的研究中，港口物流的各个能力因素即能力评价指标间一般被认为是相互独立不相关的。事实上，某个能力评价指标对其他指标可能是存在影响的。研究显示，除各能力评价指标对港口物流能力的直接影响外，港口物流要素能力、港口腹地经济能力和港口物流运作能力均与物流规模能力密切相关，并在一定程度上决定了港口物流发展能力；港口物流要素能力则会对港口物流运作能力产生相当的影响。因此有必要对评价指标之间可能存在的因果关系加以描述和求解，这对于客观地对港口物流能力进行评价具有重要意义。基于表 3 - 1 中的港口物流能力评价综合指标体系以及评价指标间的相互关系，构建港口物流能力评价结构方程模型路径图，如图 3 - 1 所示。

表3-1 港口物流能力评价综合指标体系

一级指标	二级指标
港口物流要素能力（ξ_1）	港口泊位能力 X_1
	港口库场设施面积能力 X_2
	物流机械设备作业能力 X_3
港口物流规模能力（η_1）	港口物流吞吐量 Y_1
	港口集装箱吞吐量 Y_2
	港口航线的覆盖能力 Y_3
	港口物流系统集疏运能力 Y_4
港口物流运作能力（η_2）	港口库场管理能力 Y_5
	物流信息管理能力 Y_6
	人力资源管理能力 Y_7
	物流管理创新能力 Y_8
港口腹地经济能力（ξ_2）	腹地经济的总体贡献能力 X_4
	腹地外贸进出口额的贡献能力 X_5
	低污染的港口物流服务能力 X_6
港口物流发展能力（η_3）	港口投融资能力 Y_9
	港口相对其他港口的发展情况 Y_{10}
	港口发展能力 Y_{11}

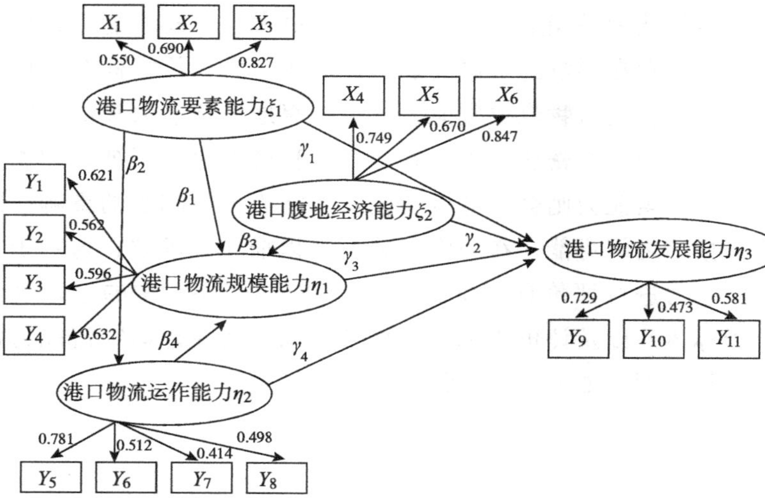

图3-1 标准化后的河北省港口物流能力评价结构方程模型路径图

3.6.2　河北省港口物流能力评价模型的构建与求解

根据表 3 – 1 中确定的一级指标和二级指标，建立河北省港口物流能力评价的测量方程与结构方程。根据上述建立的结构方程模型，把数据输入 AMOS 软件中，经过计算，得到河北省港口物流能力评价的结构方程模型各项拟合指数，如表 3 – 2 所示。

表 3 – 2　河北省港口物流能力评价拟合指数表

拟合指数	NFI	RFI	IFI	TLI	CFI	* RM SEA	* ECV I
拟合值	0.963	0.983	0.970	0.986	0.970	0.043	1.637

对于拟合指数 NFI、RFI、IFI、TLI、CFI 五个值而言，一般要求指数值大于 0.9，越接近 1，说明该模型拟合越好；而且对于 TLI 和 CFI 两个拟合指数而言，受样本影响较小，可信度更高。对于 * RM SEA = 0.043，小于 0.08，说明模型拟合很好，而对于 * ECV I = AIC/（N – 1）值也较小，可接受。所以，通过表 3 – 2 可以看到，我们得到的河北省港口物流能力评价的结构方程模型是可以接受的，并且模型的各项拟合指数都表现得很好，即能够很好地反映出河北省港口物流能力各项指标之间的关系。

3.6.3　实证研究

本书利用 PLS 结构方程模型估计方法进行数据处理，得到结构方程模型各主要系数估计值及统计量，如表 3 – 3 所示（其他系数值见图 3 – 1）。

表 3 – 3　模型参数估计值及统计量

模型路径	系数估计值	标准误差	t 统计量
港口物流要素能力→港口物流发展能力	0.635	0.252	2.520
港口腹地经济能力→港口物流发展能力	0.458	0.137	3.355
港口物流规模能力→港口物流发展能力	0.720	0.084	8.571
港口物流运作能力→港口物流发展能力	0.564	0.221	2.558
港口物流要素能力→港口物流规模能力	0.681	0.189	3.603
港口腹地经济能力→港口物流运作能力	0.392	0.126	3.111
港口腹地经济能力→港口物流规模能力	0.420	0.084	5.000
港口物流运作能力→港口物流规模能力	0.590	0.273	2.161

从路径系数值中可以看出，河北省港口物流各项能力之间的影响关系。首先，港口物流规模能力对港口物流发展能力的影响程度最大，相关系数达到0.720。其次，港口物流要素能力对港口物流发展能力的影响较大，它的相关系数达到0.635。最后，港口物流运作能力和港口腹地经济能力对港口物流发展能力的影响一般，它们对港口物流发展能力的影响程度的相关系数分别为0.564和0.458。港口物流要素能力在一定程度上影响物流规模能力（相关系数为0.681）和港口物流运作能力（相关系数为0.392），进而影响港口物流能力。而港口腹地经济能力和港口物流运作能力将对物流规模能力具有决定性的作用（相关系数分别为0.420和0.590）。

在港口物流要素能力方面，对其影响最大的是物流机械设备作业能力，两者的相关系数达到了0.827，具有高度的相关性；其次，是港口库场设施面积能力、港口物流规模能力和港口物流发展能力，相关系数都达到了0.6以上；再次，港口泊位能力对港口物流要素能力的影响程度达到了0.552；最后，港口物流运作能力对港口物流要素能力的相关系数为0.392，说明港口物流运作能力对港口物流要素能力的影响程度较小。因此要提高河北省港口物流要素能力，首先，要提高物流机械设备作业能力；其次，要加大港口库场设施面积能力、扩大物流规模和提高港口物流发展能力；最后，还要进行港口的泊位建设，尤其是要加强曹妃甸港的深水泊位建设。

在港口物流规模能力方面，它的主要的两个影响因素分别是港口物流系统集疏运能力和港口物流吞吐量，其相关系数在0.6以上；其次，是港口集装箱吞吐量和港口航线的覆盖能力，相关系数接近0.6。因此要增强河北省港口物流的规模能力，首先，要加强港口物流系统集疏运能力和港口物流吞吐量；其次，要扩大港口集装箱吞吐量和港口航线的覆盖能力。

港口物流运作能力主要由港口库场的管理能力来决定，这个指标对港口物流运作水平的相关系数为0.781，相关性较高；其次，港口物流规模能力和物流信息管理能力对港口物流运作能力也具有一定的影响，其相关系数为0.5以上；最后，人力资源管理能力和物流管理创新能力对港口物流运作能力的影响相对较小，相关系数是0.498和0.414。因此要提高河北省港口物流运作能力，最主要的是要增强港口库场的管理能力。

低污染的港口物流服务能力与港口腹地经济能力的相关性最高，相关系数为0.847；其次，是腹地经济的总体贡献率，相关系数为0.749；再次，是腹地外贸进出口额的贡献率，相关系数为0.670；最后，港口物流规模能力对其影响并不大，相关系数只有0.4左右。因此要提高港口腹地经济能力，主要是增强低污染的港口物流服务能力，提高腹地经济的总体贡献率也是比较重要的手段。

要想提升港口的物流能力，必须从那些影响程度比较大的方面优先着手。提高港口的物流规模能力，加强港口的基础设施建设，最终增大港口的货物吞吐量，达到提升港口的综合物流能力的目的，以在未来发展的激烈竞争中取得较强的竞争优势。

3.6.4　结论

本部分在研究港口物流能力各评价指标间相互关系的基础上，提出了港口物流能力评价的因果关系，利用结构方程模型进行评价模型的构建和求解。实证研究显示，港口物流能力各评价指标之间并非相互独立，而是相互影响、相互关联的。片面提高单个能力指标的水平并不一定能直接提升港口物流能力，甚至可能适得其反。相反，把握各指标之间的相互影响与因果关系，准确定位关键指标和影响因素，才是有效增强港口物流能力的关键所在。

第4章 城市物流发展能力评价——以河北省为例

中国物流技术、管理水平发展的速度较国外发展速度慢些，只是近几年才觉醒，认识到实施现代物流管理的重要性。首先东南沿海城市的企业认识、发展了现代物流，从物流管理中取得了巨大的效益，提升了企业的竞争力，激发了企业的活力。而西部、北方城市的企业由于地域、经济发展速度的差距，企业的物流管理大部分停留在过去粗放型的物资供应、储存、运输、中转、装卸等单一的流程操作管理上，没有对现代物流有一个清晰的认识，更不要说城市物流、区域经济了。东西部经济的差距从某种程度上可以说就是文化意识的差距，是一种现代、科学的管理思想、管理理念在经济发展中从感性到理性认识的过程与实际应用的体现。

4.1 城市物流的相关理论

4.1.1 城市物流的概念

现在人们经常提到现代物流，经济学界对物流也有很多说法，称物流为“黑暗大陆”“未被开垦的处女地”“第三利润源泉”等，也有“冰山学说”。这些都说明物流是现代企业发展的重点，是企业利润新的增长点，是提高企业竞争力的一剂良药，是企业迅速发展的催化剂。各种资料都反映不同行业，其物流费用不同程度地占到商品价格的45%～75%。

城市物流（Urban Logistics）属于中观物流领域。20世纪70年代以来，针对城市对现代物流发展产生负面影响的现象，国外许多学者把城市物流作为可持续物流研究的一个焦点，提出城市物流这一概念。对于城市物流概念的界定，学术界至今没有形成统一的看法，不同学者有不同的阐释。最早提出城市物流概念的是日本学者 Taniguchi。第一届城市物流国际会议于 1999 年在澳大利亚召开，在此次会议上他提出城市物流是“在市场经济的框架内，综合考虑能源浪费、交通阻塞和环境污染等因素，对城市内企业的物流和运输活动进行整体优化的过程”。在学术上正式出现了城市物流的提法。

4.1.2 城市物流的特点

1. 城市主体的一元化

城市物流的主要特点是城市主体的一元化。所有的城市都有统一的政府行政组织，城市行政组织可以统筹和管理物流，因此，城市物流有非常强的可控性。

2. 城市物流以短程物流为主

受城市范围的制约，城市物流的短程性非常突出。城市的最大直径一般在百多公里。城市中心物流密度最大的地区，还要远远低于这个数字。因此，城市物流有非常明显的短程物流特征和短程物流派生的特征。

3. 城市物流是高密集型物流

国际物流、区域物流的始发点和最终目的地基本都是城市，因此在广泛区域运作的物流，最后都归结到城市之中。这是造成城市物流高密度的重要原因。另外，城市本身的产业高密度及人口高密度也带来了高密度的物流需求。

4. 城市物流存在着严重的人、物混流现象

城市的物流平台不仅支持物流，而且支持人流。虽然现代化城市已经开始建立单独的人流平台，但是，人流和物流混杂的现象还是非常严重的。同时，城市的物流系统存在于城市的人居环境之中，物流环境与人居环境也是混杂在一起的。

人、物混流和环境混杂现象带来三个直接的后果：一是影响效率。人和物的实体流动共同使用一个平台，争夺物流资源，而物流资源缺乏专用性，因此效率不高。二是容易出现混乱。后果之一是容易造成交通混乱和交通阻塞。尤其当物流影响了城市中人的流动，会影响人们的工作和生活，扰乱正常的城市秩序。三是恶化生存环境。人需要良好的生存环境，而物流又是对环境造成严

重影响的重要源头，这是不可调和的矛盾。而这种矛盾的结果又经常是物流破坏了人居环境。

5. 配送物流是城市重要的物流特征

由于物流的最终用户，如企业、商店、个人等都集中在城市，所以，配送这种物流形态和服务方式主要集中在城市，也成了支持城市运行的、有特点的物流形态。

6. 精益化是城市物流的运行模式

城市是一个国家经济水平最高的地区，有进行精益化运作的需求和条件。更重要的是，城市交通条件的制约和生态的脆弱性，不允许进行粗放的物流活动。因此，低噪声、低排放、小吨位、封闭型的物流车辆是城市物流的主要工具，执行的是准时、准确的物流方式。这种精益的运作是城市物流的重要特点。

4.1.3 城市物流与区域经济的合理化

现代物流的形式、种类有不同的划分，总体上，大致以企业物流、城市物流及国家、国际间物流几种形式存在，其业务也是相互交叉、渗透的，尤其是企业物流与城市物流关系更是密切，相辅相成。这里主要讲一下企业、区域、城市物流的现代化推进对区域经济发展的积极作用。

1. 城市物流与区域经济紧密相关

现在人们谈得比较多的主要是企业现代物流以及服务于社会的第三方物流，而单独对城市物流、物流与区域经济发展谈得比较少；同时由于我国物流技术、管理水平发展的速度较国外发展速度慢些，只是近几年人们才逐渐有了清晰的认识。

差距、劣势从另一个角度来说可能就是优势，借鉴国外、我国东南沿海成功的经验，我们可以起点更高，规划更好。随着国家经济发展的重点向西部倾斜，西部特殊的经济与战略地位突显出来；同时西部经济发展水平与战略地位的不协调、矛盾性越发明显。整体上对区域经济快速发展的愿望与实际状况的巨大差距给政府、企业提出了严峻的要求，迫切需要发展经济。而发展经济首先应该合理地、快速地发展现代物流。物流需要企业、社会去做，但为了发展一窝蜂地都去做，就不能充分发挥现代物流的积极性和充分利用有限的资源，难以达到社会利润的最大化。从经济学的角度来说，边际收益没有达到最优即利润最大化。国有大型企业、政府应该站在更高的位置，以战略、发展的眼光，从整体全局的角度看待物流。既要看到其紧迫性，又要认识到其重要性、合理性。做什么都不能一蹴而就，需要作综合、全面的分析，整体规划，建立城市物流的观念，认识到城市的兴起和城市区域经济的形成是社会生产力和商品经济的产物，是生产力空间存在的重要形式，也是社会再生产各环节——生产、分配、交换、消费及各经济部门在城市空间上的集中表现。也就是说，城市经济的形成是城市物流存在的条件，而城市物流又是促进城市区域经济快速发展的有效手段，它们是相辅相成、紧密联系的，它们的目标是一致的。

2. 从区域经济的角度看待城市物流合理化

城市物流是以城市为依托的区域物流，必须服从于区域经济的需要。作为政府机构应该认识到管理城市就是管理企业。也可以说，城市物流是企业物流的一种转化、升级。城市物流不仅包括生产领域、流通领域，而且还包括消费领域，它涉及社会再生产全过程的每一个环节，规模或流量要比企业物流大得多。因此，政府部门应该站在全局、整体的角度，确立城市物流中心与城市商流中心的整体规划思想，真正以城市为依托，组织经济区域统一的商品流通；按照经济合理的原则，调整供需关系，建立经济合理的供货关系；充分发挥城市对货物的集散和蓄水池作用，促进区域物流合理化等。这就是良好的城市物流系统可进一步促进区域经济合理化。要使城市物流合理化，就应从区域经济的发展需要出发，重点解决好区域物流合理化、城市与城市之间和市内物流合理化三个方面的问题。

首先，以城市物流中心为核心建立区域物流中心网络。单个的物流中心只能在局部范围内起作用，其效益也是有限的。对于经济区域或者大范围来讲，只有多个物流中心的布局合理，形成网络，才有可能合理组织物流，城市之间或城市与周围农村的物流合理化才有了条件。物流中心网络体系就是多个物流中心合理布局、合理分工、合理衔接的结果，同时也是情报信息网络。

其次，建立城市之间的物流直达到货。这就应根据时间、运输距离、批量、地点等的不同选择不同的线路、运输工具、流程等，减少中间环节，降低储存保管费用、装卸搬运费、中转费等物流费用，加快物流速度。

最后，实现市内物流联合发送。这就要从整个城市物流合理化出发，打破部门、行业、企业间的门户局限，对物流管理进行改革，以适应城市经济的发展，实行形式不同的联合发送，如货物集中发送联合、按路线集中货物发送、代行交货联合、联合接受订货、联合配套型等，以提高物流效率、降低物流费用、充分利用运输设备、缓解交通拥挤、提高输送服务水平。当然，要做到、做好这些需要政府部门具有较好的宏观调控能力，真正协调好各部门，积极投入，有效运作。

同时，城市物流合理化就应使货物流向合理化、物流各环节合理化，以及物流管理组织方面如物流机构设置合理化等。货物流向合理与否，直接关系到物流效率和效益。因此，货物流向合理化问题就是从货物的运动时间、运动路径、运动费用三个方面来考虑合理化，即货物的流向要按照最短的时间、最短的路径和最省的费用运动。这就要注意货物是从产区到销区，而不能出现倒流现象，即从销区到产区；同时，货物要适销对路，货畅其流；并且，货物应近产近销，调运路线最短。合理调整物流环节，应从城市物流系统的整体效益出发，分析研究城市物流环节的合理化，推进物流系统的一体化，打破行业界限，实现货物及时、准确、高效率、低费用地从供给者运送到需求者。为了适应城市经济发展的需要，为了适应以城市为中心合理组织物流的需要，就应改变以部门和行业来设置物流机构的状况，在大中城市建立统一的物流组织管理机构，统一规划物流中心或配送中心或储运网点，实行社会化经营。

4.1.4 推进城市物流发展的意义

发展城市物流是城市经济发展的新增长点。随着中国城市国际化进程的加快，建立一个高效的城市物流系统已成为加速城市发展必须解决的问题。这将直接关系到城市基础设施的效率发挥，决定了制造业、流通业的发展以及整个城市居民生活的状态。具体来说，推进城市物流发展的意义如下。

1. 城市物流能全面拉动城市经济的发展

发展城市物流可以降低城市物流成本、转变经济增长方式、改善城市投资环境、提高经济效益，为区域经济发展打基础。城市物流是城市经济的一个构成要素，可以拉动城市生产关系的转变、生产力的合理布局和提高整体经济运行的质量与效益。推动城市物流的发展是促进城市经济稳定发展的重要保证。

2. 促进第三产业的发展

城市物流是现代经济分工和专业化管理的产物，从其对生产与消费的服务功能来讲，是属于第三产业的。城市物流的发展可以进一步地集聚商流、信息流和资金流，可以集中处理分散物流，还可以促进商贸业、交通运输业、信息业、旅游业、金融业等产业的发展。城市物流是按市场规律进行运作的，整合城市内的物流资源能大大改造传统的运输业、流通业和仓储业。

3. 促进以城市为中心的区域经济发展

由于城市的劳动生产率普遍要高于农村，城市对生产要素吸引和产品扩散的能力较强。对城市物流进行合理规划，能够把周边区域需要的、中心城市又具备供应能力的货物和商品，高效地发运到周边乃至更广的地区，也能将周边地区特有的商品运至城市，实现城市与周边区域的互动发展。城市物流的发展可以扩大城市的辐射能力，促进城市经济的合理化，发挥城市对货物的集散作用。

4. 促进城市交通运输系统的完善

城市物流运输水平的高低直接关系到物流业整体服务水平。通过对先进物流设备和信息技术的应用，物流已成为节省仓储费用、提高商品流通速度和加快资本周转的一个有效手段。受到物流发展的影响，交通信息服务系统、车辆定位系统、行车路线优化系统都有了较大的发展。城市运输系统力求达到交通需求最小、耗能最小、费用最小、服务最佳，向信息化、系统化、规模化和可持续化的方向发展。

4.2　城市物流发展水平评价指标体系的构建原则

城市物流发展水平评价可以反映城市中物流的发展对城市经济和社会产生的作用。具体是指通过对衡量城市物流发展水平的变量进行识别，参照一定的评价标准构建科学合理的评价指标体系，采用适当的评价方法，综合评价城市物流活动对经济和社会的作用与贡献的过程。评价指标的选择和量化是为进一步建立评价模型并对物流发展水平进行评价的基础。可以说它是决定评价结果优劣的关键，也是决定最终能否提出合理正确的对策建议的关键。因此，要科学地分析城市物流发展，并建立评价体系，有以下几个原则。

（1）科学性原则。

首先，指标的选取应具有科学的理论根据。其次，城市物流评价指标体系应能客观、真实地反映实际情况，从而认清问题所在，准确把握发展趋势，挖掘竞争潜力，为决策者进一步完善城市物流系统、促进经济发展提供可靠依据。设计城市物流发展水平评价指标体系的目的在于：通过对城市物流发展水平的评价，衡量城市物流发展状况，找出城市物流发展中存在的问题，为政府制定政策提供依据，所以要具有科学性原则。

（2）系统性原则。

城市物流发展水平评价指标体系是一个涵盖多因素、多目标的复杂系统，在构建评价指标体系时，要求评价指标体系能全面、系统地反映城市物流的各个方面，避免片面性。既能反映系统的内部结构与功能，又能正确评估系统与外部环境的关联，还能同时反映城市物流现有状况和发展潜力，以保证评价的全面性和可靠性。

（3）定量性原则。

在综合评价城市物流水平时应综合考虑影响城市物流水平的定量和定性指标。以定量指标为主。对定性指标要明确其含义，并按照某种标准赋值，将其恰如其分地转换成定量指标，纳入评价体系进行计算。

（4）灵活可操作性原则。

所建立的城市物流发展水平评价指标体系力求达到层次清晰、指标精练、方法简洁，使之具有实际应用与推广价值。所谓可操作性，就是指标易于理解和数据收集的可行性。指标体系的设计应该有足够的灵活性，使地区可以根据自身特点和实际情况进行运用，并且设计的指标尽可能可采集，对一些难以衡量的指标尽量予以避免。

（5）可比性原则。

分析和评价城市物流发展水平，需要从时间上和空间上进行比较。城市物流发展水平是相对而言的，任何一个时间点或空间点上的孤立测度数值或评估判定都是无实际意义的。应该通过纵向比较来反映城市物流的发展变化过程，通过横向比较来反映同一时间内环境相似城市间的物流发展水平差异。因此应该选取对于不同时期和不同城市都具有代表性的指标。

4.3　因子分析法简介

4.3.1　因子分析法定义

在现实生活中，我们经常会对某个社会现象或者经济问题进行实证研究，为了使研究结论更全面、更具有说服力、更科学和有效，就必须对所研究的问题进行全方位的分析。这就需要研究者在研究过程中尽可能考虑到与之相关的众多影响因素，这些影响因素就是我们常说的指标，在多元统计分析中一般称为变量。由于我们所研究问题的某些重要信息和特征都通过设一个变量不同程度地反映出来，这些变量之间在一定程度上具有相关性，会导致我们通过设计指标变量获得的统计数据出现重叠的现象，从而增加研究的工作量，所以一些研究者在使用多元统计方法研究多变量问题时经常会面临两难选择：指标选择多了，会增加计算工作量和不必要的麻烦；指标选择少了，问题变得简单，但是这些少数的变量只能片面地反映所研究问题的信息，导致得到的结果也是片面和不完整的。因此，人们想到了两全其美的好办法，就是在进行定量研究的时候尽可能地以较少的指标变量代表更多的信息，因子分析法应运而生。因子分析法主要是在研究众多原始变量的内在关系时，通过对指标变量相关系数矩阵内部结果的分析，达到探求这些指标变量之间的结构特征的目的，并从中找到少数几个能够代表大部分原始信息的假象变量，利用这些假象变量来分析原始变量之间的内在联系和相互依存关系。这些假象变量被称为基础变量，即主因子，这些因子是不具备显著线性关系的不可观测的理论变量，它们在各个原始变量的表达式中共同出现。

比如，中学生各门功课的成绩受智力、理解能力、分析能力、表达能力等因素的制约，这些因素称为因子。学生的成绩可以通过考试或者其他途径得到，但那些影响学生成绩的因子却无法直接测定，只是理念上的一种概念。可以设想每个学生（假设抽出 50 名学生）的学习成绩为 X_i，X_i 可以表述为上述 4 个因子的线性组合。

$$X_i = l_{i1}F_1 + l_{i2}F_2 + l_{i3}F_3 + l_{i4}F_4 + \varepsilon_i$$

上式中，$F_1,\cdots,F_4$ 表示智力、理解能力、分析能力、表达能力 4 个因子；

$l_{i1},\cdots,l_{i4}$ 是因子载荷，表示第 i 个学生在 4 个因子方面的能力；ε_i 是第 i 个学生的能力不能被前 4 个因子包括的部分，称为特殊因子。因子分析的目的和任务就是要估计因子载荷系数 l_{ij} 和特殊因子的方差，并给因子 F_i 一个合理的解释。

当我们利用因子分析法软件对数据进行处理后的结果进行分析时，可以得到各个主因子的贡献率。如果主因子的累积贡献率低于 80%，说明保留了大部分的原始信息，即可以认为通过累积贡献率提取的主因子可以解释大部分原始信息，进行因子分析效果比较理想。一般来说，首先是第一主因子拥有比较高的贡献率，其次是第二主因子、第三主因子，依此类推。因子分析法就是在保证信息丢失不多的情况下，将较多的指标变量浓缩成少数的几个主因子，且这几个主因子能够解释大部分的原始变量。这就使问题变得更加简单，减少计算工作量，对于深入分析研究问题具有重要的意义。

因子分析法有它赖以生存的基础，那就是因子模型的有关假设。

（1）公因子的数量 m 要比变量的数（p）少，即 $m<p$。

（2）公因子 $F_1,F_2,\cdots,F_m$ 是均值为 0，方差为 1 的随机变量，且相互独立。

（3）l_{ij} 为公因子 F_{ij} 的系数，它代表第 j 个公因子对第 i 个测量指标（X_i）的支配程度，称为因子载荷矩阵。因子负荷越大，对其公因子的支配能力越大。

（4）$\varepsilon_i\ (i=1,2,\cdots,p)$ 是对个别变量的特殊因子。通常假定特殊因子是相互独立，均值为 0，方差为互不相同的随机变量，即 $\varepsilon_i \sim N(0,\varphi_i^2)$。

（5）公因子和特殊因子在统计上相互独立。

因为初始因子模型中标准化变量 X_i 由公因子和特殊因子两个部分组成，所以标准化变量 X_i 的方差可以分解成公因子方差和特殊因子方差。

$$\begin{aligned}V(X_i) &= V(l_{i1}F_1+l_{i2}F_2+\cdots+l_{im}F_m+\varepsilon_i)\\&= l_{i1}^2V(F_1)+l_{i2}^2V(F_2)+\cdots+l_{im}^2V(F_m)+V(\varepsilon_i)\\&= l_{i1}^2+l_{i2}^2+\cdots+l_{im}^2+\varphi_i^2\\&= h_i^2+\varphi_i^2=1\end{aligned}$$

$$h_i^2=\sum_{j=1}^{m}l_{ij}^2(i=1,2,\cdots,p)$$

h_i^2 称为变量 X_i 的公因子方差，或称共性。它反映了全部公因子对 X_i 的影响程度或贡献。h_i^2 越接近于 1，则公因子越能代表原始变量的信息。φ_i^2 代表变量 X_i 的特殊因子方差，可利用该公式计算各变量的特殊因子方差 $\varphi_i^2=1-h_i^2$。

4.3.2　因子分析法的基本原理

在对某个社会现象和经济问题进行论证分析时，一般会采集多变量的指标数据。这样一方面有助于为我们提供更加全面的信息；另一方面有助于增加分析的精确度。但是，这些变量之间可能会存在一定的相关性而使问题变得复杂。基于此，可以采用因子分析法来解决这些问题。因子分析法就是从所研究变量的内部相关性出发，把相关性比较大的变量综合为一个主因子。这样我们可以把选择的多个变量归结为数量比较少的几个主因子。因子分析法就是这样的一种多变量统计方法。因此，在应用因子分析法处理多变量数据时，可以对原始数据进行分类，把相关性大的数据归为一类，归纳出几个新的综合指标。这些指标之间相互独立，也就是它们分别代表各自不同的信息。这些信息不会重叠，这些综合指标就是我们常说的主因子或公因子。

通过上述分析，我们可以看到，因子分析法的基本思想就是将我们选择的初始变量进行归类，相关性比较高的指标归为一类，而不同类指标变量之间的相关性比较低。每一类就代表了一定的信息或者一个基本结构，即公因子。这样，我们要研究的问题就可以转化为用少数几个公因子和特殊因子的线性组合来表示原来的观测变量，即

$$\begin{cases} x_1 = \alpha_{11}f_1 + \alpha_{12}f_2 + \alpha_{13}f_3 + \cdots + \alpha_{1k}f_k + \beta_1 \\ x_2 = \alpha_{21}f_1 + \alpha_{22}f_2 + \alpha_{23}f_3 + \cdots + \alpha_{2k}f_k + \beta_2 \\ x_3 = \alpha_{31}f_1 + \alpha_{32}f_2 + \alpha_{33}f_3 + \cdots + \alpha_{3k}f_k + \beta_3 \\ \vdots \\ x_p = \alpha_{p1}f_1 + \alpha_{p2}f_2 + \alpha_{p3}f_3 + \cdots + \alpha_{pk}f_k + \beta_p \end{cases} \quad (k \leqslant p)$$

用矩阵可以表示为：$\boldsymbol{X} = \boldsymbol{AF} + B$。

模型中，$\boldsymbol{X}(x_1, x_2, x_3, \cdots, x_p)$ 必须是可以观测的变量，也就是我们所说的原始变量，$\boldsymbol{F}(f_1, f_2, f_3, \cdots, f_k)$ 称为 $\boldsymbol{X}(x_1, x_2, x_3, \cdots, x_p)$ 的主因子或公共因子，也就是可以用 $F_i(i = 1,2,\cdots,k)$ 来共同表示每一个 $x_i(i = 1,2,\cdots,p)$，（$k < p$），并且 $F_i(i = 1,2,\cdots,k)$ 是相互独立的不可观测的潜变量。一般研究人员要结合实际研究的问题来界定各个公因子的具体含义。$\boldsymbol{A}$（α_{ij}）称为因子载荷系数，

$\alpha_{ij}(i=1,2,\cdots,p;j=1,2,\cdots,k)$ 表示第 i 个变量在第 j 个主因子上的权重系数。α_{ij} 的绝对值越大，表明公共因子 F_j 对于 x_i 的载荷量越大。$B(\beta_1,\beta_2,\beta_3,\cdots,\beta_p)$ 是 $\boldsymbol{X}(x_1,x_2,x_3,\cdots,x_p)$ 的特殊因子或者随机误差项，是指除了前 k 个主因子之外的其他因素对 x_i 的影响，这种因子也是不可观测的。由前面的假设可知，各特殊因子之间以及特殊因子与主因子之间是相互独立的，它们之间的协方差为0。

4.3.3 模型的统计意义

在因子分析中，有两个统计量非常重要，即变量共同度和主因子方差贡献率，因子分析结果的经济解释与这两个变量息息相关。

1. 变量共同度

变量共同度定义为因子载荷矩阵的第 i 行元素的平方和，计算公式为 $h_i^2=\sum_{j=1}^{k}a_{ij}^2(i=1,2,\cdots,p)$。

它是反映所有主因子对原始变量的方差 $\mathrm{Var}(x_i)$ 的贡献度，衡量 F（f_1，f_2，f_3，$\cdots$，f_k）对 x_i 的影响程度，变量共同度越大，说明原始变量对主因子的依赖程度越大；反之越小。

对 $\boldsymbol{X}=\boldsymbol{AF}+B$ 式两边取方差，得：

$$\mathrm{Var}(x_i)=\alpha_{i1}^2\mathrm{Var}(f_1)+\alpha_{i2}^2\mathrm{Var}(f_2)+\cdots+\alpha_{ik}^2\mathrm{Var}(f_k)+\mathrm{Var}(\beta_i)=\sum_{j=1}^{k}\alpha_{ij}^2+\sum_{i=1}^{p}\beta_i^2。$$

若 $h_i^2=\sum_{j=1}^{k}a_{ij}^2$ 与 $\mathrm{Var}(x_i)$ 相差越小，同时 β_i^2 也非常小，则该原始数据比较适合作因子分析，用少数的几个公因子来代替原始变量的效果比较好。

2. 公因子方差贡献率

把因子载荷矩阵中各列元素按照 $g_j^2=\sum_{i=1}^{p}a_{ij}^2$（其中，$j=1,2,\cdots,k$）公式求平方和，则 g_j^2 就是主因子 F（f_1，f_2，$\cdots$，f_k）对原始变量 $x_1,x_2,\cdots,x_p$ 的方差贡献率，也就是主因子 f_j 对原始变量中每一个分量 $x_i(i=1,2,\cdots,p)$ 所提供的方差总和。该统计量可以用来衡量主因子的重要性。

因此，对 $\mathrm{Var}(x_i) = \alpha_{i1}^2\mathrm{Var}(f_1) + \alpha_{i2}^2\mathrm{Var}(f_2) + \cdots + \alpha_{ik}^2\mathrm{Var}(f_k) + \mathrm{Var}(\beta_i) = \sum_{j=1}^{k}\alpha_{ij}^2 + \sum_{i=1}^{p}\beta_i^2$ 进行变换得到以下结果：

$$\mathrm{Var}(x_i) = \alpha_{i1}^2\mathrm{Var}(f_1) + \alpha_{i2}^2\mathrm{Var}(f_2) + \cdots + \alpha_{ik}^2\mathrm{Var}(f_k) + \mathrm{Var}(\beta_i) = \sum_{j=1}^{k} g_j^2 + \sum_{i=1}^{p}\beta_i^2$$

如果 $g_j^2 = \sum_{i=1}^{p} a_{ij}^2$ 越大，也说明主因子 F（f_1，f_2，…，f_k）对原始变量 x_1，x_2，…，x_p 的方差贡献越大，或者说主因子 F（f_1，f_2，…，f_k）对原始变量 x_1，x_2，…，x_p 的影响越大，如果把因子载荷矩阵 $\boldsymbol{A}$ 的所有 g_j^2（$j=1,2,\cdots,k$）都算出来，按照从小到大进行排序，就可以找到影响较大的主因子。

4.3.4　因子分析法的计算步骤

通过上述对因子分析法相关理论的介绍，我们可以看出因子分析法的目的就是找出这些主因子，试图利用少数的主因子来表示比较多的原始指标变量，说明这些变量之间复杂结构的多变量技法，以便对被研究对象进行科学合理的解释，因子分析法的步骤如下。

1. 对原始变量进行标准化处理

假设研究对象有 N 个，且每个研究对象选取了 p 个原始变量，即 x_1，x_2，…，x_p（$N > p$），则原始变量矩阵表示如下：

$$\boldsymbol{X} = \begin{pmatrix} x_{11} & x_{12} & \cdots & x_{1p} \\ x_{21} & x_{22} & \cdots & x_{2p} \\ \vdots & \vdots & \vdots & \vdots \\ x_{n1} & x_{n2} & \cdots & x_{np} \end{pmatrix}$$

这些原始指标可能有着不同的计量单位，即有不同的量纲，如有的指标的单位是百分比，有的指标的单位是具体的数值，各种指标的数量级也不一致。因此，这些指标的量纲不同就无法在一起直接计算，不然会导致不合理的结果。为了避免这种情况发生，进而进行客观的评价，在作因子分析法之前，一般都要对原始数据进行标准化处理。这样就消除了不同量纲的影响。一般来说，可以把这些原始指标分为三类：中性指标、正向指标和逆向指标。对于正向指标来说越大越好，逆向指标越小越好，而中性指标要求适度就好。在标准化过程中要对中性指标和逆向指标进行处理。

对逆向指标进行标准化处理所采用的公式为：$X_i = 1/X_i$。

对中性指标进行标准化处理所采用的公式为：$X_i = \dfrac{1}{1 + |a_i - X_i|}$（$a_i$ 为指标 X_i 的适中值）。

然后对标准化后的原始指标数据 X_{ij}（$i = 1,2,\cdots,n$；$j = 1,2,\cdots,p$）利用 $x_{ij} = \dfrac{x_{ij} - \bar{x}_j}{\sqrt{\mathrm{Var}(x_j)}}$（$i = 1,2,\cdots,n$；$j = 1,2,\cdots,p$）公式进行正态标准化处理。

在实证研究中，一般都利用 SPSS 17.0 软件对指标进行标准化处理，在标准化的模型中，$\bar{x}_j$ 表示第 j 个变量的均值，$\sqrt{\mathrm{Var}(x_j)}$ 表示第 j 个变量的标准差。可见，这些数据经过标准化处理后，都满足均值为0，方差为1。

2. 检验数据的可行性

从上面的分析可知，因子分析的核心思想是简化数据结构，利用少数的几个主因子来表示原始指标变量。因此，在对数据进行因子分析时有个基本的前提，就是原始数据各个变量之间具有较大的相关性。因子在作因子分析之前，要对数据进行可行性检验，判断是否适合作因子分析。如果原始指标之间的相关性比较小，可能找不到公因子，也就不能进行后面的分析了。对原始数据进行可行性检验主要通过以下 4 个统计量。

（1）相关矩阵。

把标准化后的数据输到 SPSS 17.0 软件中可以计算出相关矩阵，然后对相关矩阵进行分析，如果相关矩阵中指标之间的相关系数都小于 0.3，则不适合作因子分析。

（2）巴特利特球形检验（Bartlett Test of Sphercity）。

该统计量首先通过检验整个相关矩阵来判断是否适合作因子分析，其中零假设 H_0 相关矩阵为单位矩阵，如果接受该假设，说明原始数据不能用来作因子分析。巴特利特球形检验的主要目的是判断所要处理数据的总体是否服从于多元正态分布。如果差异检验的 F 值显著，则说明数据来源于正态分析，可以进行进一步的分析。在使用该方法进行判断时，一般有一个指定的显著性水平（一般取 0.05）。如果伴随概率值小于制定的显著性水平，则拒绝 H_0，表明相关系数矩阵不是单位矩阵，原始变量之间具有较强的相关性，适合作因子分析。

（3）KMO 检验（Kaiser-Meyer-Olkin-Measure of Sampling Adequacy）。

该检验主要用于比较变量之间的偏相关系数和简单相关系数。一般来说，KMO 值介于 0 ~ 1，越接近于 1，说明偏相关系数平方和远小于简单相关系数平方和，可以用来作因子分析。KMO 的值为 0.7 表示“还好”，0.6 时为“中等”，0.5 时就为“糟糕”了。

（4）共同度检验。

共同度表示在某一变量上各因子载荷矩阵系数的平方和，变量的共同度越高，越适合作因子分析。

3. 由相关矩阵提取主因子

常用的提取初始因子的方法有主成分分析法（Principal Component Method）、迭代主因子分析法（Iterated Principal Factor Method）和最大似然法（Maximum Likelihood Method）3 种。主成分分析法给每个变量的公因子方差赋的初始值都是 1，等价于假定特殊因子的作用为 0，显然其结果是粗略的。其优点是计算总能顺利地进行下去。迭代主因子分析法和最大似然法都能结合各变量的特点给它们的共性方差赋初值。如果初值以及其他因素都调整得比较好，可给出较好的结果。其缺点是这种调整比较困难，对于大样本资料，最大似然法有所期望的渐进特性，并能给出比迭代主因子分析法更好的结果。

4. 决定初始因子数

常用的初始因子数决定方法有以下几种。

最小特征值基准法：因子分析所提取的主因子中，只选特征值大于 1 的因子，故称最小特征值基准法。

Scree Graph 检验法：Scree Graph 检验法是根据以样本相关矩阵求出的特征值 $\hat{\lambda}_l$ 为纵轴、因子数为横轴的图，决定初始因子数的方法。该图的特点是随着因子数的增加，其特征值减小。且开始减小幅度较大，随着因子数的增加其减小幅度逐渐变缓慢。根据减少幅度的大小特点选取适当的初始因子数。通常采取对应于其特征值的减少幅度缓慢之前的因子数为初始因子。

公因子方差比率法：当利用样本的相关矩阵决定初始因子时，公因子 F_j 的方差为 $\hat{\lambda}_j$，变量的总方差为 p，所以第 j 个公因子的方差在总方差中所占的

比例为 $\hat{\lambda}_j/p$，m 个公因子的方差在总方差中所占的比例至少大于80%。即

$$\sum_{j=1}^{m}\hat{\lambda}_j/p \geqslant 80\% \qquad (m\text{ 代表初始因子数})$$

5. 因子旋转

初始因子模型

$$\begin{cases} x_1 = \alpha_{11}f_1 + \alpha_{12}f_2 + \alpha_{13}f_3 + \cdots + \alpha_{1k}f_k + \beta_1 \\ x_2 = \alpha_{21}f_1 + \alpha_{22}f_2 + \alpha_{23}f_3 + \cdots + \alpha_{2k}f_k + \beta_2 \\ x_3 = \alpha_{31}f_1 + \alpha_{32}f_2 + \alpha_{33}f_3 + \cdots + \alpha_{3k}f_k + \beta_3 \\ \vdots \\ x_p = \alpha_{p1}f_1 + \alpha_{p2}f_2 + \alpha_{p3}f_3 + \cdots + \alpha_{pk}f_k + \beta_p \end{cases} \qquad (k \leqslant p)$$

的载荷矩阵结构较为复杂，有时利用求得的初始因子对问题难以作出较详细的解释。如果能够进一步简化，利用公因子来线性表达标准化变量的话，就更容易作出有实际意义的解释。常用的因子旋转法有最大方差旋转法（Varimax）、正交最大方差旋转法（Orthomax），在正交最大方差旋转法基础上进行斜交旋转（Promax）等。设从公因子 F 旋转到公因子 G，则初始因子模型可转换为：

$$X_i = \sum g_{ij}G_j + \varepsilon_i \qquad (i = 1,2,\cdots,p;\ j = 1,2,\cdots,m)$$

上式叫作旋转后的因子模型，式中 g_{ij} 为旋转后的公因子负荷。

6. 计算主因子得分和综合因子得分

计算因子得分就是计算各主因子在样本里的具体数值，也就是利用标准化后的原始数据来线性表示各公因子，可以看作各变量的加权平均。在计算因子得分时首先利用因子得分系数矩阵，把系数矩阵作为计算各因子得分的权重，最后求出各因子的得分，下式是各主因子的公式。

$$\begin{aligned} f_1 &= \beta_{11}x_1 + \beta_{12}x_2 + \cdots + \beta_{1p}x_p \\ f_2 &= \beta_{21}x_1 + \beta_{22}x_2 + \cdots + \beta_{2p}x_p \\ &\vdots \\ f_m &= \beta_{m1}x_1 + \beta_{m2}x_2 + \cdots + \beta_{mp}x_p \end{aligned}$$

无论是初始因子还是旋转后的因子模型，都是将变量表示为公因子的线性组合。在因子分析中还可以将公因子表示为线性组合，这样就可以从变量的观

测值估计各个公因子的值，把该值称作因子得分，它对样本的分类具有实际意义。综合因子得分可按照下式计算，称作因子得分模型。

$$F = \sum d_i f_i$$

d_i 为各主因子的贡献率；f_i 为各公因子得分（$i = 1,2,\cdots,m$）。

7. 对结果进行评价

在计算出各主因子及综合因子得分后，需要我们对每个公因子得分及排名状况加以解释，赋予其现实意义。公因子解释得是否恰当不仅取决于数据本身，还与研究者对所研究领域的掌握以及分析因子的技巧等有关。通过因子分析可以找到哪些变量对研究样本的影响比较大，从而为相关部门制定有效的策略提供理论支撑。

4.4　河北省城市物流发展能力指标体系的选择

物流业在全国的发展刚刚起步，在河北省更是一个新兴的行业。因为各地的情况差别很大，到目前为止尚没有一个学界公认的对物流能力进行评价的指标体系。为了研究河北省物流发展能力，本书在遵循指标体系建立的原则的基础上，从外部、内部和发展潜力三个方面进行指标的选取，最终确定了 12 个指标以代表区域物流能力，分别是人均 GDP（*X*1）、社会消费品零售额（*X*2）、单位 GDP 能耗（*X*3）、地区面积（*X*4）、城镇居民人均可支配收入（*X*5）、农村居民人均收入（*X*6）、国际互联网用户数（*X*7）、电话用户数（*X*8）、城市道路面积（*X*9）、公路货运量（*X*10）、人才资源总量（*X*11）、民用汽车拥有量（*X*12）。

4.4.1　利用因子分析法建立数据模型的过程

1. 数据检验的可行性

因子分析的前提之一是选取的原始指标数据之间有一定的相关性。因此我们在求解初始因子之前，需要先检验数据的可适用性。本书采用了巴特利特球形和 KMO 两种检验法，来验证所取数据是否适合作因子分析。KMO（Kaiser－Meyer－Olkin）检验的统计量用于比较变量之间的简单相关和偏相关系数。

KMO值介于0~1，越接近1，表明所有变量之间简单相关系数平方和远大于偏相关系数平方和，越适合因子分析。表4-1中给出了巴特利特球形检验和KMO检验的结果。

表4-1 样本适当性度量的KMO值和巴特利特球形检验

KMO样本测度	巴特利特球形检验 Approx. Chi - Square	显著性
0.878	89.325	0.000

由表4-1可知，巴特利特球形检验统计量观测值为89.325，对应概率P接近于0。如果显著性水平定为0.01，由于概率P小于显著性水平，通过检验，适合进行因子分析。同时，KMO值为0.878，KMO值越接近于1，越适合作因子分析。根据KMO度量标准可知，原指标变量适合进行因子分析。

2. *方差确定和因子的选取*

一般而言，主成分累积贡献率达到80%以上就可以很好地证明和解释问题了，所以可以以此为标准来选取累积贡献率达到80%以上的那些主成分作为公共的因子。确定因子数目的方法有很多种，可以根据特征值、碎石图、解释方差百分比等，比较常用的是根据累积贡献率达到的百分比值来确定。

从表4-2中的前三列可以看出，第一个因子的特征根是6.423，解释了12个原始变量的总方差的53.6%；第二个因子的特征根是2.752，解释了12个原始变量的总方差的22.9%；第三个因子的特征根是1.456，解释了12个原始变量的总方差的12.1%，前三个因子的累积方差贡献率为88.6%。也就是说这三个变量解释了这12个指标的88.6%，并且也只有这三个指标的特征值大于1。说明采用前三个主因子对河北省物流能力进行评价是比较合适的。

表4-2 总的方差解释情况

主成分	初始特征值			提取平方和载入		
	合计	贡献率（%）	累积贡献率（%）	合计	贡献率（%）	累积贡献率（%）
1	6.423	53.6	53.6	5.421	45.2	45.2
2	2.752	22.9	76.5	3.419	28.5	73.7
3	1.456	12.1	88.6	1.792	14.9	88.6

从表4-2的后三列可以看出，有三个因子被提取和旋转，其累积解释总方差百分比和初始解的前两个变量相同。但经过旋转的因子重新分配了各个因子的解释原始变量的方差，使得因子的方差更接近，也更易于解释。

为理解公因子的意义，有必要对因子载荷矩阵进行旋转变换。因子旋转的目的就是使矩阵结构简化，因子的贡献越分散越好。旋转是一种坐标的变换，在旋转后的新坐标中，因子载荷将得到重新分配，使公因子负荷系数向更大或者更小的方向变化，使公因子的代表变量突出，可以得到经济上明确的解释。旋转后的因子载荷矩阵如表4-3所示。

表4-3　旋转后因子载荷矩阵

指标变量	各主成分		
	1	2	3
*X*1	0.956	0.416	0.276
*X*2	0.875	0.384	0.314
*X*3	0.256	0.907	0.284
*X*4	-0.104	0.891	0.349
*X*5	0.392	0.568	0.855
*X*6	0.058	0.193	0.818
*X*7	0.912	0.048	0.045
*X*8	0.581	0.814	0.241
*X*9	0.391	0.878	0.358
*X*10	0.841	0.322	0.416
*X*11	0.833	0.167	0.089
*X*12	0.200	0.496	0.806

从转轴后的因子载荷矩阵中可以看到，第一主因子在人均GDP（*X*1）、社会消费品零售额（*X*2）、国际互联网用户数（*X*7）、公路货运量（*X*10）、人才资源总量（*X*11）上有较高的载荷，这几个指标反映了影响河北省物流发展能力的宏观环境因素，因此可称为物流环境因子。第二主因子在单位GDP能耗（*X*3）、地区面积（*X*4）、电话用户数（*X*8）、城市道路面积（*X*9）上有较高的载荷，而这几个指标反映了河北省物流发展的前景，因此我们把它命名为发展因子。城镇居民人均可支配收入（*X*5）、农村居民人均收入（*X*6）、民用汽车拥有量（*X*12）作为第三大主因子，载荷值分别为0.855、0.818、0.806，代表了河北省物流的物质基础及设施基础，因此称为物流基础因子。

4.4.2 计算各因子得分和综合因子得分

根据因子得分系数（见表4－4）和原始变量的值可以计算出每个观测量的各个因子的分数，并且可以据此对观测作进一步的分析。旋转后的因子得分表达式及计算结果为：

Fac1 =0.1418（人均 GDP）+0.2328（社会消费品零售额）－0.1594（单位 GDP 能耗）－0.1389（地区面积）+0.0216（城镇居民人均可支配收入）+0.5369（农村居民人均收入）+0.6787（国际互联网用户数）+0.0900（电话用户数）－0.3462（城市道路面积）+0.4617（公路货运量）+0.2318（人才资源总量）+0.1589（民用汽车拥有量）。

Fac2 = －0.1242（人均 GDP）+0.3179（社会消费品零售额）－0.1203（单位 GDP 能耗）+0.0411（地区面积）+0.5585（城镇居民人均可支配收入）－0.1731（农村居民人均收入）－0.0322（国际互联网用户数）+0.0792（电话用户数）+0.7707（城市道路面积）+0.3355（公路货运量）－0.0939（人才资源总量）+0.2513（民用汽车拥有量）。

Fac3 = －0.1005（人均 GDP）+0.7983（社会消费品零售额）+0.0967（单位 GDP 能耗）+0.8011（地区面积）+0.0541（城镇居民人均可支配收入）－0.0977（农村居民人均收入）+0.1565（国际互联网用户数）－0.1508（电话用户数）+0.1394（城市道路面积）+0.3735（公路货运量）+0.1129（人才资源总量）+0.0875（民用汽车拥有量）。

因此，综合因子得分 =45.2% ×Fac1 +28.5% ×Fac2 +14.9% ×Fac3。

表4－4　因子得分系数矩阵

指标变量	主成分		
	1	2	3
*X*1	0.1418	－0.1242	－0.1005
*X*2	0.2328	0.3179	0.7983
*X*3	－0.1594	－0.1203	0.0967
*X*4	－0.1389	0.0411	0.8011
*X*5	0.0216	0.5585	0.0541

续表

指标变量	主成分		
	1	2	3
*X*6	0.5369	-0.1731	-0.0977
*X*7	0.6787	-0.0322	0.1565
*X*8	0.0900	0.0792	-0.1508
*X*9	-0.3462	0.7707	0.1394
*X*10	0.4617	0.3355	0.3735
*X*11	0.2318	-0.0939	0.1129
*X*12	0.1589	0.2513	0.0875

表4-5所示的是每个地区的各因子得分和综合因子得分以及排名情况。

表4-5　因子得分表

地　区	Fac1	排名	Fac2	排名	Fac3	排名	综合因子得分	排名
石家庄	2.4574	1	-0.3587	7	0.4571	3	1.0766	1
承　德	-0.4993	9	-0.9000	10	-0.0527	7	-0.4900	10
张家口	-0.2060	7	0.4903	3	-0.5657	10	-0.0377	7
秦皇岛	0.4160	3	0.1138	5	-0.5608	9	0.1369	3
唐　山	0.7821	2	1.3451	1	0.6095	2	0.8277	2
廊　坊	-0.8006	11	-0.4217	8	0.1336	5	-0.4621	9
保　定	0.1349	4	-0.9029	11	-0.1454	8	-0.2180	8
沧　州	-0.2292	8	0.6069	2	0.1090	6	0.0856	5
衡　水	-0.6562	10	-0.6568	9	-0.6759	11	-0.5845	11
邢　台	-0.1344	6	-0.2406	6	0.6739	1	-0.0289	6
邯　郸	0.0908	5	0.1346	4	0.1366	4	0.0998	4

4.5　政策建议

得分越高说明该地区的物流发展得越好，得分为正说明该地区的物流发展处于全国的平均水平之上，这样的地区有石家庄、秦皇岛、唐山、沧州、邯郸；得分为负的地区，说明该地区的物流发展处于全国的平均水平之下，这样的地区有承德、张家口、廊坊、保定、衡水、邢台。

通过表 4 -5 可以看到河北省各城市物流能力各个主因子和综合因子得分及排序，按照第一主因子得分进行排序，可以看到河北省物流环境状况由好到坏的地区依次是：石家庄、唐山、秦皇岛、保定、邯郸、邢台、张家口、沧州、承德、衡水、廊坊。按照第二主因子（代表物流发展因子）得分进行排序，排在前五名的是唐山、沧州、张家口、邯郸、秦皇岛。按照第三主因子（代表物流基础因子）得分进行排序，前五名的是邢台、唐山、石家庄、邯郸、廊坊。从综合因子得分来看，排在前五名的分别是石家庄、唐山、秦皇岛、邯郸、沧州，基本上与第一主因子的得分排序相吻合，说明提取的第一主因子涵盖了大量的信息，按照主成分排序具有一定的科学性和可行性。因子分析法的科学运用，使得在对区域物流能力指标诊断识别过程中，能够基于数据本身，通过对多指标的降维处理，降低评价的复杂度，在一定程度上削弱了指标间的多重相关性，使评价结果更加趋于实际。

（1）强化物流产业的信息化和标准化，促进现代物流业发展。

现代物流业发展的重要趋势和特征是信息化和标准化。目前河北省物流行业的信息化水平比较低，信息技术的应用不够广泛，各种运输、仓储设施间的接口没有标准化，严重阻碍了对一些先进的物流技术和设施的应用。提高物流行业的信息化和标准化水平是从传统物流向现代物流转换的重要技术措施。首先，抓好各城市物流行业的信息共享平台建设，促进城市间运输、仓储、商品交易等信息的传输和共享；其次，引导物流企业采用先进的电子信息技术，如鼓励企业积极运用电子商务、通信系统、电子数据交换、用户反馈系统、供应链管理软件系统以及因特网等方面的技术，提高物流企业的信息化水平。

（2）控制要素投入成本，提高物流产业运营效率。

严格控制物流要素的投入成本，尤其是对土地价格的合理控制，降低物流基础设施的投资运营成本。物流基础设施的建设需要占用比较多的土地资源，考虑到市政建设的投入，会提升土地的价格，物流基础设施的建设成本过快上升，提高了整个物流产业的运营成本，会削弱物流产业的竞争力。为了降低运营成本，提高物流设施使用效率，就必须控制物流园区、物流基地内土地价格上涨过快。

（3）发展第三方物流。

物流产业属于第三产业中新兴的重要组成部分。城市物流专业化程度的提高，不但反映了城市物流的有序化，也反映了该城市产业结构的合理化和流通过程的高效化。市政府有关部门应在产业政策、税收、金融、城市规划、人力资源等方面提供优惠条件，大力扶植城市物流产业的蓬勃发展。我国加入 WTO 以后，国外物流产业必将大举进入我国，如果现在不对稚嫩的物流产业大力扶持，将无法面对国外物流业的强有力挑战。

（4）加快培养和引进现代物流人才。

就世界范围而言，物流发展到今天，其价值的创造已经形成一大产业，其知识体系已构成一门学科，其专业人才正日益成为物流企业家、物流专家和物流学者。然而，在我国这方面的发展与国际水平的差距还很大，其中，物流知识的普及和物流专业人才的培养是两项重要使命。因为没有知识、没有人才，一切都谈不上。在大城市和特大城市，凡是有条件的大中专院校均应开设物流专业，培训不同层次的物流专业人才。同时要普及物流知识，扫除“物流盲”。21 世纪的企业家和政府官员都不能是物流知识等于零的“物流盲”。

（5）发挥政府的政策支持和保障功能，营造良好的发展环境。

长期以来，体制和政策是我国物流发展滞后的主要问题。因此，提升河北省物流发展水平应从政策入手。河北省政府在推动物流发展方面积累了许多成功的经验，未来仍需继续深化探索。物流业是一个涉及产业多、部门广的社会性行业。在目前形势下，仅靠市场机制或企业自身来推动，势必会延迟物流业的发展进程。因此，政府引导是推动物流合理、快速发展的有效途径。

（6）建立统一的协调管理机构，统一规划城市物流业发展。

针对当前我国城市物流业存在的体制问题，物流业刚处于起步阶段的现状，需要强有力的行政指导的实际，我国有必要研究如何建立一个城市物流主管部门，统一领导、组织、协调相关部门的工作，做好总体的物流规划，制定规范的物流产业发展政策措施等。

第5章　仓储物流企业绩效评价

随着电子商务日益发展，物流配送业务也日趋庞大，甚至出现了供不应求的市场局面，因此仓储物流行业在近几年变得异常火爆。这类企业的主要业务除了仓储、代发货、物流配送外，还包括配送跟踪、终端消费者退货投诉处理等业务。而一家全面的仓储物流公司还会帮助供应商提供具体的物流解决方案，如高效的配送方案、低成本的配送选择等。这类企业主要集中在上海、北京、广东这些资源集中的地区，上海的智工厂仓储物流公司就是通过短短3年的时间发展成为全国知名的物流配送基地，不仅开通了电商合作平台，而且智工厂不单服务于中小店铺卖家企业，更专注于品牌商的合作等。在选择这类企业的时候主要考量发货速度、物流配送成本、货品安全性、订单处理量这几方面。根据国家标准化管理委员会发布的相关文件，仓储型物流企业的内涵及其特征应该符合下列几个要求：企业的主营业务为仓储服务，主要为物流客户提供货物保管、储存、中转等仓储服务且具有一定规模；企业具备一定的向物流客户提供商品经销、货物配送服务以及流通加工等服务的能力；企业拥有符合相关要求的仓储设施、货运车辆以及其他相关设备；同时还要具备一定的网络信息化服务能力，应该能够利用网络平台对仓储货物和在途运输货物进行实时监控和状态查询。

我国目前的仓储型物流企业多是从传统的大型国有仓储企业转变而来。其自身拥有一定规模的仓储设施、货物运输车辆以及其他货物保管设备，但是大多数仓储企业的管理方法和技术解决方案还相对比较落后。业务服务内容比较单一，主要局限在货物配送和仓储方面，物流信息系统和网络服务平台还不健全，企业的价值创造和价值增值能力十分有限。仓储服务作为现代物流企业的重要服务内容和服务环节，是构成企业第三利润源泉的重要载体和来源。储存功能在整个物流体系的运作过程中具有重要的货物调节和缓冲作用，因此其潜在的增值能力和价值创造能力是十分巨大的。仓库是物流环节中的重要节点和支撑，整个物流系统运作的绩效状况与仓储型物流企业的运营效率直接相关。因此如何科学、合理、有效地对仓储型物流企业的运作和服务水平进行绩效考核和评价，从而为仓储管理人员进行科学决策提供重要参考，是一个十分重要的问题。仓储型物流企业是现代物流十分重要的组织形式之一，目前在我国发展迅速。对仓储型物流企业进行绩效评价就成为一个紧迫而又具有重大意义的课题。本章以平衡计分卡为基础研究构建了仓储型物流企业进行绩效评价需要的指标体系，对部分不易量化的定性指标，结合模糊综合评价法实证分析评价了仓储型物流企业的绩效状况，希望对仓储型物流企业健康、稳定的发展有所借鉴。

5.1　仓储物流业及其特征

仓储物流是微观物流的一种，指的是物资从进入仓库到重新发出这一阶段的运动过程。作为一种特殊形式的内部物流，仓储物流的高效运作机制近年来越来越受到物流界的重视。它的组成要素主要有物流设施、物流设备、物流业务人员、仓储物流信息、仓储物流环境。

仓储物流，是指物资从入库、检验、码放、储存直到出库的物流过程。仓储物流在整个物流链中所处的地位和其本身所具有的若干特点，使仓储物流具有以下几个鲜明特征。

（1）承上启下，中转蓄势。

物流是一个物资从生产、包装、运输、储存、分发直到抵达最终用户被消耗的全过程。仓储作为一个物流中间环节，起于收，终于发，其前端和末端都与运输过程动态衔接。作为与运输并列的物流大支柱环节，其承上启下、居中调整的特色更为突出。

（2）静中有动，动静结合。

从大体来看，物资入库后的大部分时间处于静态储存状态，但并不能说仓储物流是一个完全静态的过程。物资不时经历着抽查检验、加工维护等动态环节，因此仓储物流实际上是一个动静结合的过程。

（3）业务多样，流程复杂。

在进入仓储物流系统后，物资要经过收、检、储、倒、发等若干作业流程。其间要经过单据处理、装卸运输、码垛毡垫、保管维护、包装加工等一系列业务程序的流转。管理手段的复杂也是仓储物流区别于其他物流环节的一个重要特点。

5.2 仓储物流的主要功能

在物流系统中，仓储功能包括了对进入物流系统的货物进行堆存、管理、保管、保养、维护等一系列活动。仓储的作用主要表现在：完好地保证货物的使用价值，将货物配送给用户，在物流中心进行必要的加工活动和保存。具体来说，有如下几个方面。

（1）商品储存。

商品储存是物流中心作业的一个环节。商品在储存过程中要保证商品的质量、数量、特性不发生变化。

（2）装卸搬运。

为了衔接储存和运输等物流作业，需要将商品从运输工具上卸下来，或者发货时装上去。有时还需要进行短距离的搬运作业，分为装卸和搬运两种活动。装卸与搬运是仓储作业中不可缺少的运作环节。在自动化条件好的物流中心，搬运作业的大部分可以用机械代替，但人工搬运作业不可缺。这多数是因为物流中心的流转和增值运作功能使得作业过程比较复杂。

（3）包装加工。

商品包装按照所起的作用和功能不同，可以分成两种形式。一是销售包装，即将生产出来的产品包装成具有统一数量标准和规格的单元，以利于展示和销售，这种包装作业是生产过程中的一部分。二是物流包装。为便于在物流过程中的运输、储存、装卸、堆码、发货、收货、销售等作业，需要将一定数量以销售包装存在的商品再包装成一定的数量单元，或者对物流包装进行加固、分装、重新包装等操作，这种包装就是物流包装。物流包装在物流过程中的各个阶段完成。

在物流中心也可以对商品进行加工，此时的加工实际上是生产过程在流通过程的继续。由于要实现本土化，更好地满足用户的要求，有些商品需要再进行适当的加工。比如，贴标签、加条码，将商品进行分割、裁剪、喷漆、染色、调制等。由于延迟生产技术的应用，企业将生产过程的部分工序留给了物流环节来完成，如配色、配料等。还有对生鲜食品进行洗净、剪切、挑选、分级、称量、包装、贴码等。这些作业活动推迟到仓储物流活动中来完成的目的是使商品最大限度地满足客户的需求，并最大限度地提高加工效率。大部分的流通加工都是劳动密集型作业方式，虽然效率较低，但对销售而言却变得越来越重要。

（4）拣选作业。

物流中心是靠组合商品的相同功能，实行分散功能的同一化来实现价值的，所以每张客户订单中都包含多项商品，将这些不同种类数量的商品从存货区域集中在一起，即拣货作业。所以，拣货是指按订单或出库单的要求，从储存场所拣出商品，并放在指定位置的物流作业活动。

（5）商品验收。

商品验收主要是对商品数量、质量和包装的验收，即检查入库商品数量是否与订单资料或其他凭证相符，规格、牌号等有无差错，商品质量是否符合规定要求，物流包装能否符合要求。验收工作的基本要求是必须做到及时准确，即在尽可能短的时间内准确地验收商品的数量、质量和包装。商品验收的标准和依据一般根据客户对商品的要求进行。商品验收的方法包括一般物理性检验、外观检验、包装完整性检验。化学性指标的检验一般在专业的检验地点进行。

5.3　模糊综合评价法简介

模糊综合评价是在模糊环境下，考虑多个因素的影响，为了某个目的，利用模糊变换对一事物作出综合决策的方法。模糊综合评判又分为一级评判和多级评价。

5.3.1　一级模糊多目标决策的数学模型

设 $U = \{x_1, x_2, \cdots, x_n\}$，$V = \{y_1, y_2, \cdots, y_m\}$ 为两个有限评语：其中 U 为因素集，代表多目标决策的多种因素组成的集合；V 为评语集或评判集，表示多种决策目标构成的集合。一般来讲，因素集中的各因素对被评判事物的影响是不相同的，所以各因素就有各自的重要性分配，称为权重分配，它是 U 上的一个模糊向量，我们把它记为：

$$A = \{a_1, a_2, \cdots, a_n\} \in F(U)$$

其中，a_i 表示 U 中第 i 个因素的权重，且满足 $\sum_{i=1}^{n} a_i = 1$ 。另外，在模糊环境下，m 个评语也并不是绝对的肯定或否定。所以，综合决策的结果可以看成 V 上的模糊集，我们把它记为：

$$B = \{b_1, b_2, \cdots, b_m\} \in F(V)$$

其中，b_j 表示在评判目标总体 V 中第 j 种评语所占的地位。

如果 $R = (r_{ij})_{n \times m}$ 是从 U 到 V 的模糊关系矩阵，那么利用 R 就可以得到一个模糊变换 T_R 。

故模糊多目标决策的数学模型结构为：

①因素集 $U = \{x_1, x_2, \cdots, x_n\}$

②评语集 $V = \{y_1, y_2, \cdots, y_m\}$

③构造模糊变换

$$T_R = F(U) \to F(V)$$

$AaA \circ R$

其中，R 是从 U 到 V 的模糊关系矩阵，$R = (r_{ij})_{n \times m}$ 。

这样，(U, V, R) 三元体就构成了一个模糊多目标决策的数学模型。此时，如果输入一个权重分配 $A = \{a_1, a_2, \cdots, a_n\} \in F(U)$ ，通过模糊变换 T_R ，就可以得到一个综合决策 $B = \{b_1, b_2, \cdots, b_m\} \in F(V)$ 。也就是：

$$(b_1, b_2, \cdots, b_m) = (a_1, a_2, \cdots, a_n)\begin{pmatrix} r_{11} & r_{12} & \cdots & r_{1m} \\ r_{21} & r_{22} & \cdots & r_{2m} \\ \vdots & \vdots & \vdots & \vdots \\ r_{n1} & r_{n2} & \cdots & r_{nm} \end{pmatrix}$$

利用 Zadeh 算子有：

$$b_j = \bigvee_{i=1}^{n} (a_i \wedge r_{ij}), (j = 1, 2, \cdots, m)$$

若 $b_k = \max\{b_1, b_2, \cdots, b_m\}$ ，按最大隶属原则，对该事物作出的综合决策为 b_k。以模糊变换 T_R 作为转化器构成的模糊多目标决策系统，如图 5－1 所示。

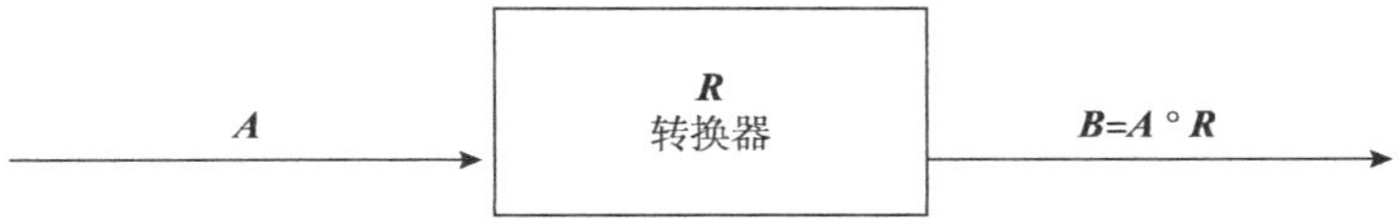

图 5－1　模糊多目标（一级）决策系统

模糊综合评价的核心在于综合了各个因素的结果。大家都知道，对由单因素确定的事物作决策是容易的。但事物涉及多个因素时，就需要综合考虑诸多因素对事物的影响，从而作出一个接近实际的决策，避免仅从一个因素作出评价带来的片面性，这是多目标决策的特点。

需要注意的是，人们对事物的综合常常有着不同的方式。有时只要求单因素最优（称为主因素），有时突出主因素同时也兼顾其他因素，有时要求总和最大等。这些情况都可以通过不同的运算来实现。

Zadeh 算子（$\wedge$，$\vee$）的决策结果主要是由数值最大的因素所决定，其他因素的数值在一个范围内变化并不影响评价结果。所以，我们称其是主因素决定型算子。

广义算子（$\vee$，$\bullet$）和（$\oplus$，$\wedge$）称为主因素突出型算子。它们与Zadeh 算子接近，区别在于比 Zadeh 算子更精细一点，它们得到的决策结果可以在一定程度上反映非主要指标。

广义算子（$\oplus$，$\bullet$）称为加权平均型算子，在评价中体现了整体特性，因为其对所有因素依权重大小均衡兼顾。

仅使用一次模糊变换就得到决策结果，称为一级模糊多目标决策，一般适用于因素集中、元素个数较少的情况。

5.3.2　多级模糊多目标决策

对于复杂的系统，需要考虑到很多因素，这时会出现两方面的问题：一是因素过多，对于它们的权重分配难以确定。即使确定了，由于因素太多，每个因素的权值都会很小，于是会出现经运算后显现不出有价值的结果的现象。二是因素可能有类别或层次，难以在同一水平上确定权重。比如在某个问题研究中，主要有两种影响因素，分别是 x_1,x_2，即因素集 $U=(x_1,x_2)$。而 x_1 因素又包含四个子因素，即 $x_1 = \{x_{11}, x_{12}, x_{13}, x_{14}\}$ 。而 $x_2 = \{x_{21}, x_{22}, x_{23}, x_{24}\}$ 也包含了四个子因素。假如把这两类的八个因素放到一个水平上来考虑显然不妥当。这时就可使用多级模糊多目标决策系统。以下以二级模糊多目标决策为例来说明其详细步骤。

（1）把因素集 $U = \{x_1, x_2, \cdots, x_n\}$ 按照某种属性分成 s 个子因素集 u_1，$u_2, \cdots, u_s$。

其中，$u_i = \{x_{i1}, x_{i2}, \cdots, x_{im}\}, (i = 1, 2, \cdots, s)$

且满足：

① $n_1 + n_2 + \cdots + n_s = n$

② $u_1 \cup u_2 \cup \cdots \cup u_s = U$

③ $u_i \cap u_j = \varphi, (i \neq j)$

（2）对每个子因素集 u_i，分别作一级模糊多目标决策。设评语集 $V = \{y_1, y_2, \cdots, y_m\}$，且 u_i 中各因素对于 V 的权重分配为：

$$\boldsymbol{A}_i = \{a_{i1}, a_{i2}, \cdots, a_{im}\}$$

设 $\boldsymbol{R}_i$ 为单因素评判矩阵，则可以得到一级评判向量：

$$\boldsymbol{B}_i = \boldsymbol{A}_i \circ \boldsymbol{R}_i = (b_{i1}, b_{i2}, \cdots, b_{im}), (i = 1, 2, \cdots, s)$$

（3）将每一个 u_i 看作一个因素，即

$$K = \{u_1, u_2, \cdots, u_s\}$$

这样，K 又构成一个因素集，其单因素评价矩阵由一级评判向量组成：

$$\boldsymbol{R} = \begin{pmatrix} \boldsymbol{B}_1 \\ \boldsymbol{B}_2 \\ \vdots \\ \boldsymbol{B}_S \end{pmatrix} = \begin{pmatrix} b_{11} & b_{12} & \cdots & b_{1m} \\ b_{21} & b_{22} & \cdots & b_{2m} \\ \vdots & \vdots & \vdots & \vdots \\ b_{s1} & b_{s2} & \cdots & b_{sm} \end{pmatrix}$$

每个 u_i 作为 U 的一部分，反映着 U 的某种属性，可按它们的重要性给出权重分配：

$$\boldsymbol{A} = (a_1, a_2, \cdots, a_s)$$

于是得到二级模糊多目标决策：

$$\boldsymbol{B} = \boldsymbol{A} \circ \boldsymbol{R} = (b_1, b_2, \cdots, b_m)$$

假如每个子因素 u_i（$i = 1, 2, \cdots, s$）还包含不同层次或不同类型的子因

素，可将 u_i 再继续进行划分。类似于二级决策过程可得到三级决策模型，甚至四级模型、五级模型等。

仓储型物流企业是物流业三大类型之一，具备了部分仓储硬件设施以及相当规模的企业组织，可以提供库存、仓储、中转以及保管等多项服务。但是，中国物资储运协会 2011 年统计显示，仓储型物流企业占我国物流企业总数的比例低于 15%，仓储型物流企业的资产总额低于总体的 9%。其中，其开展的业务得到的营业收入及赚取的利润占总体比例低于 10% 和 5%。所以，伴随物流理论的不断发展和物流实践的进步，要想使仓储型物流企业实现整体建设的快速发展，建立一套科学灵活的机制、引进企业绩效评价是正确和十分必要的。

5.4　仓储型物流企业绩效评价指标的构建

近年来我国物流业迅速发展，仓储型物流企业在功能、规模等方面发展较快。同时造成了不同仓储型物流企业之间主营业务存在很大的不同，基于平衡计分卡的框架基础上构建指标体系想要建立统一的指标体系难度很大，特别是对准则层及内部业务层下一步详细的方案层的指标进行确定时十分不易。因此，在认真考虑仓储型物流企业相关共性和特殊性的条件下，结合企业的实际软硬件环境、企业文化、创新性、员工的激励情况等指标，分别从财务、内部资源、经营运作、发展创新以及客户 5 个方面设定绩效评价的指标体系。

（1）财务绩效指标。

企业相关的财务绩效指标包含了以下 4 个主要指标：营业收入增加比率、总资产增加比率、净资产收益率及每股收益。其中，营业收入增加比率可以表述为：当年总的营业收入减去上一年营业收入增加额的差除以企业上一年营业收入总额。总资产增加比率则可以表述为：当年企业资产总量减去上一年企业资产总量的差除以上一年企业资产总量。净资产收益率就是股东权益的收益率，表示为净利润与平均股东权益的比例。这个指标主要体现股东权益的收益，指标值越高，表示投资得到的收益越多。每股收益则是企业某一时期净收益和股份数的比率，代表了每股带来的税后利润，每股创造的利润越多则比率越高。

（2）内部资源绩效指标。

企业内部资源绩效指标包含以下 4 个主要指标：固定资产比率、基础设备、高管素质以及员工素质。其中，固定资产比率也就是固定资产和资产总额的比率，用来表示企业固定资产是否存在资金闲置的问题，固定资产比率在不同行业存在明显差异。基础设备用来保障实现仓储型物流企业应有的功能，要求企业必须具备完成其功能所需要的设备。该项指标由仓储型物流企业管理人员和专家打分得到。高管素质指在企业高管中学历达到硕士以上的人员占全部高管人数的比例。员工素质则是指企业员工中学历达到大专以上人员占全体员工总数的比例。

（3）经营运作绩效指标。

本书主要选取了资产负债率、净利润率、速动比率和总资产周转率 4 个指标作为经营运作绩效指标。其中，资产负债率就是负债总额占资产总额的比例，也就是负债总额除以资产总额的百分比。它体现了在总资产中通过借债来实现的筹资所占百分比，也能够反映企业在清算时对债权人利益的保护程度。净利润率是体现企业盈利能力的重要指标之一，是减去所有成本、企业所得税以及费用后得到的利润率。速动比率为公司速动资产和流动负债的百分比。它是公司有多少流动资产能够立即变现偿还流动负债能力的体现。总资产周转率则是公司在一定时期内主营业务收入净额与平均资产总额的百分比。总资产周转率是用于综合评价公司资产经营质量以及利用效率的指标。

（4）发展创新绩效指标。

仓储型物流企业实现快速发展需要发展创新支撑。考虑到仓储型物流企业的发展规律，本书分别选取了企业文化、员工获取信息能力、信息化水平和创新率 4 个指标来分析发展创新绩效。其中，企业文化对增强企业吸引力和凝聚力，调动工作人员的积极性和创造性意义重大。企业对员工的有效激励和建立团队精神等积极企业文化，在对企业绩效进行评价时，必须认真考虑。员工获取信息能力指相关企业为促进员工更好地工作，提高员工素质、技术等而构建的环境和创造的机会，对激发员工的积极性和创造性十分有益。信息化水平表示相关企业在经营运作过程中，公司的现代化硬件设备和先进的软件实施运用情况要发挥积极重要作用。创新率是在评价中引入革新过程，希望企业提供全新的产品及服务，使目前和未来的客户要求得到满足。这项专门针对仓储型物流企业的指标，能够保证绩效评价更接近真实。

（5）客户绩效指标。

在对仓储型物流企业进行绩效评价时，还有一项重要指标就是客户绩效指标，其中又包含客户满意率、客户获利率和客户获得率 3 个主要指标。其中，客户满意率用来表示客户对服务满意的程度，客户获利率是指该类型企业的主要客户在该企业的盈利能力，客户获得率则用来表示获得新客户的情况。

5.5　仓储型物流企业绩效评价

5.5.1　仓储型物流企业的绩效评价方法

本书中建立的绩效评价指标体系包含了众多的指标，并且这些指标分别属于不同的层次。评价仓储型物流企业的绩效，就有必要结合相关的全部指标进行全面综合评价。本书借助模糊综合评价法在对企业绩效进行全面评价时，能够合理解决多因素、多层次同时既包含定量指标又包含定性指标，造成评价标准不统一的问题，不仅综合评价效果好，而且模型建立较容易，掌握起来也不困难。

仓储型物流企业绩效评价步骤如下：

（1）建立因素集。所谓的因素集指对评价对象取值有影响的各因素共同组成的集合。作为普通的因素集，一般用字母 U 来代替，即 $U = \{U_1, U_2, \cdots, U_m\}$，因素集包含的全部因素（$U_i$）具有模糊性。

（2）建立权重集。因为各因素 U_i 对评价对象取值影响重要程度不完全相同，所以，对因素 U_i（$i=1, 2, \cdots, m$）须赋予不同的权数 a_i（$i=1, 2, \cdots, m$）。用权重来体现各评价因素对评价对象不同的影响程度。权数构成的集合表示为：$\boldsymbol{A} = \{a_1, a_2, \cdots, a_m\}$。其中，$\boldsymbol{A}$ 是因素权重集。一般各权数必须满足归一性及非负性的条件，即 $\sum_{i=1}^{m} a_i = 1 (i = 1, 2, \cdots, m)$。

$$a_i \geqslant 0 (i = 1, 2, \cdots, m)$$

（3）建立评价集。评价者对具体评价对象作出的不同评价结果组成的集合称为评价集，一般用大写字母 V 来代表，即 $V=\{v_1,v_2,\cdots,v_n\}$ 。

（4）模糊综合评价。通常来说，同一事物会有不同属性，事物的各种侧面体现了它们具有的不同特征，因此，在对事物进行评价时，切忌只考虑单个因素，必须同时兼顾事物的多个方面，所以，综合考虑所有因素对于评价对象取值的不同影响，需进行模糊综合评价。

假设不同因素的重要程度相同，权重集中不同权数 a_i 全部相等，那么，只需把 $\boldsymbol{R}$ 矩阵中各列元素逐一相加，就可以得到评价集中不同元素的“得分”。如果各因素权重各异，就需进行模糊矩阵运算，$\boldsymbol{B}$ 表示一级评判准则的结论向量：$\boldsymbol{B}=\boldsymbol{A}\circ\boldsymbol{R}$ 。其中“$\circ$”代表某种合成运算，$\boldsymbol{R}$ 表示单因素评价集。

5.5.2 综合绩效评价

经过对仓储型物流企业员工调查以及专家打分，利用模糊综合评价模型对相关企业绩效进行综合评价。

1. 构建评价集和因素集

评价集 V 表示可能对企业绩效作出的不同评价结果集合。仓储型物流企业绩效综合评价的过程中，可设评价集 $V=\{优(v_1),良(v_2),中(v_3),差(v_4)\}$ 。

因素集 U 则是用影响绩效的不同指标为元素构成的多层集合。依据建立的仓储型物流企业完整的绩效评价指标体系，构建以下因素集：$U=\{U_1,U_2,U_3,U_4,U_5\}$ 。U_1 代表财务绩效层面，U_2 代表经营运作绩效层面，U_3 代表内部资源绩效层面，U_4 代表客户绩效层面，U_5 代表发展创新绩效层面。同时各个因素具有各自的评价指标，所以能够建立子集 $U_i=\{U_{i1},U_{i2},U_{i3},\cdots\}$ 。

2. 建立权重集

模糊综合评价中确定权重系数 a_i 是重中之重。我们运用层次分析法来确定评价体系中全部指标的权重系数。层次分析法是一种把定量分析及定性分析有效结合的系统的科学方法。它的实质属于思维决策方法的范畴。作为一种数量化的统计工具，它用来解决多因素尤其是难以定量分析的复杂情况更加有效。本书提到的绩效评价指标体系中全部指标的权重系数均使用层次分析法来确定。

在评价仓储型物流企业相关绩效时，如何确定客户是否满意其提供的物流服务？评价企业提供的物流服务水平，客户是最有说服力的。所以，在此体系中，部分层面的指标权重系数能够结合调查的方法，运用专家调查法确定各判断矩阵最终确定权重，如表 5－1 所示。

表 5－1　权重系数表

一级指标	权重	二级指标	权重
财务绩效指标	0.14	总资产增加比率	0.48
		营业收入增加比率	0.32
		每股收益	0.15
		净资产收益率	0.05
经营运作绩效指标	0.06	速动比率	0.15
		资产负债率	0.39
		净利润率	0.15
		总资产周转率	0.31
内部资源绩效指标	0.08	基础设备	0.24
		固定资产比率	0.08
		高管素质	0.46
		员工整体素质	0.22
客户绩效指标	0.29	客户获利率	0.21
		客户满意率	0.40
		客户获得率	0.39
发展创新绩效指标	0.43	信息化水平	0.09
		员工获取信息能力	0.15
		企业文化	0.30
		创新率	0.46

3. 模糊综合评价

依据建立的绩效评价指标体系，考虑到权重系数，首先需要进行一级综合模糊评价，确立模糊矩阵运算：$\boldsymbol{B} = \boldsymbol{A} \circ \boldsymbol{R}$ 。式中 $\boldsymbol{B}$ 代表二级评价准则的结论向量；$\boldsymbol{A}$ 则是指标层的模糊权重集，$\boldsymbol{R}$ 为单因素评判矩阵。从而得到一级评判准则的结论向量：

$\boldsymbol{B}_1 =$ （0.13，0.16，0.22，0.49）；

$\boldsymbol{B}_2 =$ （0.23，0.28，0.35，0.19）；

$\boldsymbol{B}_3 =$ （0.25，0.49，0.28，0.13）；

$\boldsymbol{B}_4 =$ （0.18，0.26，0.42，0.23）；

$\boldsymbol{B}_5 =$ （0.22，0.31，0.46，0.39）。

其中，$\boldsymbol{B}_5^1 = (\frac{2}{5},\frac{2}{5},0.2,0)$ ，$\boldsymbol{B}_5^2 = (0.8,0.2,0,0)$ ，$\boldsymbol{B}_5^3 = (0.3,0.3,0.3,0)$ 。所以，可以获得二级模糊综合评价向量 $\boldsymbol{B} = \boldsymbol{A} \circ \boldsymbol{R} = \boldsymbol{A} \circ (\boldsymbol{B}_1,\boldsymbol{B}_2,\boldsymbol{B}_3,\boldsymbol{B}_4)^{\mathrm{T}} = (0.2,0.1,0.3,0.6)$。

联系实际运用对全部评价结果利用百分制的方法赋值，也就是根据一般经验 W 的矩阵权重为 $W =$ ［90，80，70，60］。根据得出的综合评价结论，绩效评价综合为 $P = 0.2 \times 90 + 0.1 \times 80 + 0.3 \times 70 + 0.4 \times 60 = 71$。从 P 值看，该仓储型物流公司具有的发展水平中等，具有较大的发展空间。依据此计算规则，能够分别得到不同层面的绩效评价分别为：56.8 分，68.9 分，65.4 分，66.3 分，66.9 分。参考此评价结果，该企业经营和管理者就拥有了调整方针和策略的科学依据。此评价结果，可以促进企业经营管理者找出公司自身的不足，也可以迅速发现公司发展的重点。同时，考虑到对仓储型物流企业的各层面评价的结果，我们看到仓储型物流企业在内部资源、经营运作、发展创新及客户回报方面得到的评价较好，但是企业盈利能力则相对不足。所以，在将来的发展规划里，仓储型物流企业应该把规范制度、提高服务质量及对有限资源进行合理整合作为企业发展的重点，加大力度降低企业用于经营和管理的无效成本，增强企业的创新意识和力度，健全制度鼓励员工积极开展服务形式和内容的创新，进而使企业的整体水平得到提高。

仓储型物流企业在我国出现较晚，科学合理的绩效评价指标体系有限，因此构建一套具有可操作性、有效的绩效评价指标体系十分必要，对于提升企业经营管理水平有巨大益处。绩效评价体系一般是比较复杂的，系统仓储型物流企业尤其如此，必须从多个角度进行考核，才可能得到科学合理的评价。本书参考平衡计分卡，从仓储型物流企业特点出发，构建相关企业绩效评价指标体系，并运用模糊综合评价模型来分析和评价仓储型物流企业的绩效，从而为我国仓储型物流企业健康发展提供借鉴经验。

5.6　提高仓储型物流企业绩效的对策

（1）充分挖掘现有仓储潜力，适度扩大企业规模，不断提高创利能力。

仓储型物流企业扩大企业规模，最终要以单位经济效益的提高为出发点和归宿点，即业务收入持续增长与利润率不断提高。在改善经济效益方面，要加快周转，充分挖掘现有仓储潜力。对于普通仓储业务，可采取下列措施实现业务增长：①加快货物周转速度，让原先静止的存货“动”起来，以此带动货物储存总量和吞吐量的大幅度增加，创造仓储经济效益。通过多种渠道筹集资金，对现有仓储设施进行必要的投资改造，如站台、叉车、自动装卸、分拣、盘库技术等有助于加快货物周转速度的设施、装备和技术。②对客户进行盈利性分析，淘汰一些盈利性较差的客户，开发、保留优质客户，提高仓储单位面积效益。从库存货物的种类、结构分析入手，对现有客户进行评估和分级，达到改善货物结构的目的。③对不同的客户采取不同的客户服务水平。对优质客户、普通客户实施不同的服务，将仓储资源向优质客户倾斜，降低服务总成本，从而不断提高创利能力。

（2）努力开发新的业务类型，实现多元化协同经营，不断增强服务功能和能力。

从现实情况看，开发新的业务类型，实现多元化协同经营，将仓储型物流企业传统的业务类型进行整合，是一条比较可行的道路。包括仓储物流与金融结合、仓储物流与流通加工结合、流通加工与经销结合、仓储业务输出等。再者，以仓储业为核心，将业务功能向上游和下游延伸，开发仓储增值服务。现阶段需考虑从制定国家仓储型物流企业服务标准，统一规范仓储型物流企业用语、操作流程和作业规范入手，逐步实现由单个仓储型物流企业向高端的全国仓储网络体系转型，积极参与到国际产业链分工的高端服务领域，通过供应链上的协作实现企业长远发展，不断增强服务功能和能力。

（3）加大投入，采用先进技术，不断提高物流信息化水平。

目前，国内绝大多数仓储型物流企业的信息网络化功能尚未发挥。从长远趋势看，建立和完善仓储型物流企业信息系统将为今后开展以增值服务为核心的综合物流服务奠定良好基础。通过将仓库管理的最佳实践作为信息系统流程和功能开发的基准，并在此基础上收集系统实施运行过程中来自各行业客户的合理建议和要求，对功能进行定期的更新和升级。实现流程标准化和优化，为客户提供第一手的市场信息及库存信息，将有助于同客户建立更紧密的协作关系，进而进一步扩大服务对象，并实现仓储型物流企业服务功能向上游和下游延伸，提供更多的增值服务类型，如信息服务、包装、组装、流通加工、配送等。

（4）加快物流人才培养，不断满足仓储型物流企业向现代物流企业转变过程中对人才的需求。

在传统仓储型物流企业改造的过程中，起决定作用的是人的素质。无论是制定企业市场战略、管理仓储作业，还是应用现代技术实现仓储增值服务，都需要高素质的企业员工来筹划和执行。然而，传统仓储型物流企业的人力资源状况不容乐观。因此，仓储型物流企业必须高度重视物流人才的培养。应吸取政府部门、企业、行业组织、咨询机构及民办教育机构参与，并采取多种形式开展多层次的物流人才培训和教育工作，如专家讲座、参观学习、各种培训等，不断培养造就大批熟悉物流业务、具有跨学科综合能力并有开拓精神和创造力的物流管理人员和专业技术人员。

第6章　绿色物流评价

2009年2月25日，温家宝同志主持召开国务院常务会议，审议并原则通过了《物流业调整和振兴规划》。这是我国物流业的第一个国家规划，也是我国物流业未来发展的行动纲领。从区域经济发展的角度来说，物流产业的发展是区域经济建设领域的主要内容之一，而绿色物流又是物流产业发展的新兴方向。对物流产业来说，绿色物流处于起步阶段，人们对它的认识还非常有限。无论是在绿色物流的规划还是管理上，我国都与发达国家的绿色物流有较大差距。随着我国物流系统的加速发展，绿色物流发展遇到的瓶颈问题日益突显。现阶段主要存在绿色物流观念较淡薄、基础设施不完善、绿色物流技术装备较落后、物流标准化的基础工作较薄弱、绿色物流专业人才比较短缺、相关法律制度不健全等问题。绿色物流作为区域经济发展中的重要组成部分，其运作体系的完善能够为区域经济的又快又好发展提供有力保障。虽然要在城市群实现物流绿色化，还有相当漫长的一段路要探索，但我们应当更加重视绿色物流对经济社会发展的推动作用，把绿色物流作为“两型社会”建设中发展经济的一个重要增长点，以满足人民日益增长的对产品、服务等多方面、多层次的需求。

6.1　绿色物流简介

绿色物流（Environmental Logistics）可以使物流资源得到充分利用。从管理学的角度讲，绿色物流是指为了实现顾客满意，连接绿色需求主体和绿色供给主体，克服空间和时间限制的有效、快速的绿色商品和服务的绿色经济管理活动过程。绿色物流里的“绿色”是一个特定的形象用语，它泛指保护地球生态环境的活动、行为、计划、思想和观念在物流及其管理活动中的体现。

6.1.1 绿色物流的概念

绿色物流是指以降低对环境的污染、减少资源消耗为目标，利用先进物流技术规划和实施运输、储存、包装、装卸、流通加工等物流活动。绿色物流是以经济学一般原理为基础，建立在可持续发展理论、生态经济学理论、生态伦理学理论、外部成本内部化理论和物流绩效评估基础上的物流科学发展观。绿色物流的内涵包括以下5个方面。

1. 集约资源

这是绿色物流的本质内容，也是物流业发展的主要指导思想之一。通过整合现有资源，优化资源配置，企业可以提高资源利用率，减少资源浪费。

2. 绿色运输

运输过程中的燃油消耗和尾气排放是物流活动造成环境污染的主要原因之一。因此，要想打造绿色物流，首先要对运输线路进行合理布局与规划，通过缩短运输路线、提高车辆装载率等措施，实现节能减排的目标。另外，还要注重对运输车辆的养护，使用清洁燃料，减少能耗及尾气排放。

3. 绿色仓储

绿色仓储一方面要求仓库选址要合理，有利于节约运输成本；另一方面仓储布局要科学，使仓库得以充分利用，实现仓储面积利用的最大化，减少仓储成本。

4. 绿色包装

包装是物流活动的一个重要环节。绿色包装可以提高包装材料的回收利用率，有效控制资源消耗，避免环境污染。

5. 废弃物物流

废弃物物流是指在经济活动中失去原有价值的物品，根据实际需要对其进行搜集、分类、加工、包装、搬运、储存等，然后分送到专门处理场所后形成的物品流动活动。

6.1.2 绿色物流的特征

绿色物流除了具有一般物流所具有的特征外，还具有学科交叉性、多目标性、多层次性、时域性和地域性等特征。

1. 学科交叉性

绿色物流是物流管理与环境科学、生态经济学的交叉。由于环境问题的日益突出以及物流活动与环境之间的密切关系，在研究社会物流和企业物流时必须考虑环境问题和资源问题；又由于生态系统与经济系统之间的相互作用和相互影响，生态系统也必然会对物流这个经济系统的子系统产生作用和影响。因此，必须结合环境科学和生态经济学的理论、方法进行物流系统的管理、控制和决策，这也正是绿色物流的研究方法。学科的交叉性使得绿色物流的研究方法非常复杂，研究内容十分广泛。

2. 多目标性

绿色物流的多目标性体现在企业的物流活动要顺应可持续发展的战略目标要求。注重对生态环境的保护和对资源的节约，注重经济与生态的协调发展，即追求企业经济效益、消费者利益、社会效益与生态环境效益四个目标的统一。系统论观念告诉我们，绿色物流的多目标之间通常是相互矛盾、相互制约的。一个目标的增长将以另一个或几个目标的下降为代价。如何取得多目标之间的平衡，正是绿色物流要解决的问题。从可持续发展理论的观念看，生态环境效益将是前三者效益得以持久保证的关键所在。

3. 多层次性

绿色物流的多层次性体现在三个方面。首先，从对绿色物流的管理和控制主体看，可分为社会决策层、企业管理层和作业管理层三个层次的绿色物流活动，也可以说是绿色物流的宏观层、中观层和微观层。其中，社会决策层的主要职能是通过相关政策和法规的手段传播绿色理念、约束和指导企业物流战略；企业层的任务则是从战略高度出发，与供应链上的其他企业协同，共同规划和管理企业的绿色物流系统，建立有利于资源再利用的循环物流系统；作业层主要是指物流作业环节的绿色化，如运输的绿色化、包装的绿色化、流通加工的绿色化等。其次，从系统的观点看，绿色物流系统是由多个单元（或子系统）构成的，如绿色运输子系统、绿色仓储子系统、绿色包装子系统等。这些子系统又可按空间或时间特征划分成更低层次的子系统，即每个子系统都具有层次结构；不同层次的物流子系统通过相互作用构成一个有机整体，实现绿色物流系统的整体目标。最后，绿色物流系统还是另一个更大系统的子系统，这个更大的系统就是绿色物流系统赖以生存发展的外部环境。这个环境包括促进经济绿色化的法律、法规、人口环境、政治环境、文化环境、资源条件、环境资源政策等方面。它们对绿色物流的实施将起到约束作用或推动作用。

4. 时域性和地域性

时域性指的是绿色物流管理活动贯穿于产品的全生命周期，包括从原材料供应，生产内部物流，产成品的分销、包装、运输，直至报废、回收的整个过程。绿色物流的地域性体现在两个方面：一是指由于经济的全球化和信息化，物流活动早已突破了地域限制，形成跨地区、跨国界的发展趋势，相应地，对物流活动绿色化的管理也具有跨地区、跨国界的特性；二是指绿色物流管理策略的实施需要供应链上所有企业的参与和响应。这些企业很可能分布在不同的城市，甚至不同的国家。例如，欧洲有些国家为了更好地实施绿色物流战略，对于托盘的标准、汽车尾气排放标准、汽车燃料类型等都进行了规定。其他欧洲国家的不符合标准要求的货运车辆将不被允许进入本国。跨地域、跨时域的特性也说明了绿色物流系统是一个动态的系统。

6.2 绿色物流发展的起因

（1）人类环境保护意识的觉醒。

随着世界经济的不断发展，人类的生存环境也在不断恶化。具体表现是能源危机、资源枯竭、臭氧层空洞扩大、环境污染、生态系统失衡。以环境污染为例，全球20多个特大城市的空气污染超过世界卫生组织规定的标准。人类的认识往往滞后于客观自然界的发展。当前生态环境保护的意义逐渐被人类所认识。20世纪60年代以来，人类的环境保护意识开始觉醒，人类开始十分关心和重视环境问题，认识到地球只有一个，不能破坏人类的家园。于是，绿色消费运动在世界各国兴起。消费者不仅关心自身的安全和健康，还关心地球环境的改善，拒绝接受不利于环境保护的产品、服务及相应的消费方式，进而促进绿色物流的发展。与此同时，绿色和平运动在世界范围内展开，环保勇士以不屈不挠的奋斗精神，给各种各样危害环境的行为以沉重打击，对激励人们的环保热情、推动绿色物流的发展，也起到了极其重要的作用。

（2）各国政府和国际组织的倡导。

绿色物流的发展与政府行为密切相关。凡是绿色物流发展较快的国家，都得益于政府的积极倡导。各国政府在推动绿色物流发展方面所起的作用主要表现在：一是追加投入以促进环保事业的发展；二是组织力量监督环保工作的开展；三是制定专门政策和法令来引导企业的环保行为。

环保事业是关系到人类生存与发展的伟大事业，国际组织为此作出了极大的努力并取得了显著成效。1992 年，第 27 届联合国大会决议通过把每年的 6 月 5 日作为世界环境日，每年的世界环境日都规定了专门的活动主题，以推动世界环境保护工作的发展。联合国环境署、世贸组织环境委员会等国际组织展开了许多环保方面的国际会议，签订了许多环保方面的国际公约与协定，也在一定程度上为绿色物流发展铺平了道路。

（3）经济全球化潮流的推动。

随着经济全球化的发展，一些传统的关税和非关税壁垒逐渐淡化，环境壁垒逐渐兴起。为此，ISO14000 认证体系成为众多企业进入国际市场的通行证。ISO14000 体系的两个基本思想是预防污染和持续改进。它要求建立环境管理体系，使其经营活动、产品和服务的每一个环节对环境的影响最小化。ISO14000 体系不仅适用于第一、第二产业，也适用于第三产业，更适用于物流业。物流企业要想在国际市场上占一席之地，发展绿色物流是其理性选择。尤其是中国加入 WTO 后，将逐渐取消大部分外国股权限制，外国物流业将进入中国市场，势必给国内物流业带来巨大冲击，这也意味着未来的物流业会有一场激烈的竞争。

（4）现代物流业可持续发展的需要。

绿色物流是现代物流可持续发展的必然选择。物流业作为现代新兴产业，有赖于社会化大生产的专业分工和经济的高速发展。而物流要发展，一定要与绿色生产、绿色营销、绿色消费等绿色经济活动紧密衔接。人类的经济活动不能因物流而过分地消耗资源、破坏环境，以至于造成重复污染。此外，绿色物流还是企业最大限度降低经营成本的必由之路。一般认为，产品从投产到销出，制造加工时间仅占 10%，而几乎 90% 的时间为仓储、运输、装卸、分装、流通加工、信息处理等物流过程。因此，物流专业化无疑为降低成本奠定了基础。

6.3 绿色物流系统管理

（1）绿色供应商管理。

供应商的原材料、半成品的质量的好坏优劣直接决定着最终产成品的性能，所以要实施绿色物流还要从源头上加以控制。由于政府对企业的环境行为的严格管制，并且供应商的成本绩效和运行状况对企业经济活动构成直接影响，因此在绿色供应物流中，有必要增加供应商选择和评价的环境指标，即要对供应商的环境绩效进行考察。

（2）绿色生产管理。

绿色生产又包括绿色原材料的供应、绿色设计与制造以及绿色包装。绿色产品的生产首先要求构成产品的原材料具有绿色特性。绿色原材料应符合以下要求：环境友好性，不加任何涂镀，废弃后能自然分解并能为自然界吸收的材料；易加工且加工中无污染或污染最小；易回收、易处理、可重用的材料，并尽量减少材料的种类，这样有利于原材料的循环使用。

绿色制造则追求两个目标：通过可再生资源、二次能源的利用及节能降耗措施缓解资源枯竭，实施持续利用；减少废料和污染物的生成排放，提高工业品在生产过程和消费过程中与环境的相容程度，降低整个生产活动给人类和环境带来的风险，最终实现经济效益和环境效益的最优化。

包装是商品营销的一个重要手段，但大量的包装材料在使用一次以后就被消费者遗弃，从而造成环境问题。例如，中国比较严重的白色污染问题就是不可降解的塑料包装被随地遗弃引起的。绿色包装是指采用节约资源、保护环境的包装。其特点是材料最省、废弃最少且节约资源和能源，易于回收利用和再循环，包装材料可自然降解并且降解周期短，包装材料对人的身体和生态无害。

（3）绿色运输管理。

交通运输工具的大量能源消耗，运输过程中排放大量的有害气体，产生噪声污染，运输易燃、易爆、化学品等危险原材料或产品可能引起的爆炸、泄漏等事故都会对环境造成很坏的影响，因此构建企业绿色物流体系就显得至关重要。

①合理配置配送中心，制订配送计划，提高运输效率以降低货损量和货运量。开展共同配送，减少污染。共同配送是以城市一定区域内的配送需求为对象，人为地进行有目的、集约化的配送。它是由同一行业或同一区域的中小企业协同进行配送。共同配送，统一集货、统一送货可以明显地减少货流；有效地缓解交通拥挤状况，可以提高市内货物运输效率，减少空载率；有利于提高配送服务水平，使企业库存水平大大降低，甚至实现“零”库存，降低物流成本。

②实施联合一贯制运输。联合一贯制运输是指以件杂货为对象，以单元装载系统为媒介，有效地巧妙组合各种运输工具，从发货方到收货方始终保持单元货物状态而进行的系统化运输方式。通过运输方式的转换可削减总行车量，包括转向铁路、海上和航空运输。联合一贯制运输是物流现代化的支柱之一。

③评价运输者的环境绩效，由专门运输企业使用专门运输工具负责危险品的运输，并制定应急保护措施。企业如果没有绿色运输，将会加大经济成本和社会环境成本，影响企业经济运行和社会形象。

（4）绿色储存管理。

储存在物流系统中起着缓冲、调节和平衡的作用，是物流的一个中心环节。储存的主要设施是仓库，现代化的仓库是促进绿色物流运转的物资集散中心。绿色仓储要求仓库布局合理，以节约运输成本。布局过于密集，会增加运输的次数，从而增加资源消耗；布局过于松散，则会降低运输的效率，增加空载率。仓库建设前还应当进行相应的环境影响评价，充分考虑仓库建设对所在地的环境影响。例如，易燃易爆商品仓库不应设置在居民区，有害物质仓库不应设置在重要水源地附近。采用现代储存保养技术是实现绿色储存的重要方面，如气幕隔潮、气调储存和塑料薄膜封闭等技术。

（5）绿色流通加工管理。

流通加工是指在流通过程中继续对流通中的商品进行生产性加工，以使其成为更加适合消费者需求的最终产品。流通加工具有较强的生产性，也是流通部门对环境保护大有作为的领域。

绿色流通加工的途径主要分两个方面：一方面，变消费者分散加工为专业集中加工，以规模作业方式提高资源利用效率，以减少环境污染；另一方面，集中处理消费品加工中产生的边角废料，以减少消费者分散加工所造成的废弃物污染。

（6）产品绿色设计、绿色包装和标识。

绿色物流建设应该起自于产品设计阶段，以产品生命周期分析等技术提高产品整个生命周期环境绩效，在推动绿色物流建设上发挥先锋作用。包装是绿色物流管理的一个重要方面，乳白色塑料的污染已经引起社会的广泛关注，过度的包装造成了资源的浪费。

在日本，经营食品的商人已放弃塑料包装，在食品界掀起“绿色革命”，取得了较大的成效。他们的食品包装已不只是要求好和实用，照顾环境需要也成为包装业的重要课题。

人们在给食品包装时应该尽量采用不污染环境的原料，用纸袋包装取代塑料容器，这也减少了将用过后的包装收集到工厂再循环所面对的技术和成本困难，绿色包装设计在这方面发挥很大的作用。

6.4 绿色物流系统构成要素

物流系统由不同的功能要素构成，而且受各种因素的影响，如企业、地理位置、政策法规等，功能要素也可能不同。因此，本书从功能要素和行为主体两个方面来探讨绿色物流系统的构成。

6.4.1 功能要素

传统的物流系统由运输、储存、装卸、搬运、包装、流通加工、配送以及信息处理等功能要素构成。对于绿色物流系统而言，其基本功能要素由绿色采购、绿色运输、绿色仓储、绿色包装和绿色流通加工构成。

绿色采购的实施范围比较广，可以是任意行业。在进行购买前，政府、企业经济主体或消费者充分了解产品，并优先购买绿色产品，通过降低材料使用成本来推动国家循环经济，保护资源和提高企业声誉等。实质是建立资源节约型社会，倡导健康文明的消费方式和高效节能的理念，促进绿色环保。对于企业来说，在采购前对供应商的内部需求进行分析，通过模型进行评估，可以降低风险，减少使用原材料，尤其是减少使用有毒和有害的原材料。不仅可以减少管理成本、生产成本和材料流通成本，使投资回报率最大化；而且通过再循环、再使用等方法，可以保护资源、消除废弃物，提高资源使用率，减少破坏环境的风险，节约资源，提高企业的环境质量和声誉。

运输过程中产生的大量有害气体是物流污染的重要来源。绿色运输主要通过绿色运输模式、环保型运输工具、绿色运输网络和绿色的组织模式来实现。主要的实施途径有先进的技术规划和物流操作管理；合理选择运输工具，使用节能型或绿色能源如液化气、太阳能等环保型运输工具，提倡和建设电气化铁路、磁悬浮列车等运输方式；合理选择运输路线，克服迂回运输和重复运输，减少无效运输，推广多式联运；采用绿色的货运组织模式，合理配置配送中心，制订配送计划，开展共同配送和联合一贯制运输方式，尽量减少运输量，缓解对环境的压力。

绿色仓储是依据绿色物流思想，对仓库进行布局优化设计，尽量少占用资源，降低污染和损失，节约运输成本。整体规划仓库布局，充分利用存储面积，减少运输次数和空载率；存在易燃易爆等危险性的货物要存储在远离居民区的地方，以免污染生活区；采用现代储存保养技术，充分考虑货物的特性，做好防潮、防霉等工作，以免货物变质；建立仓库的货物信息，合理利用物资，降低物资消耗、浪费和流失，并且要根据所储存物品的性能和特点，采取合适的储存保管方式，同时还要做好防潮、防腐等维护保养工作。

绿色包装又称为生态包装或无公害包装，指的是采用的包装材料易于回收和再利用，可降解，包装设计简易，包装尺寸标准模数化，且能多次使用和反复使用，包装功能多样化。实现包装绿色化的途径有：采用绿色的包装材料；减少包装材料消耗；采用通用包装、周转包装；开发新的包装材料和包装器具。因此，根据绿色包装的3R（减量、复用、再生）原则，应尽量使用生物或光降解的包装材料，选用易回收再生、不加涂层和镀层的包装材料，减少一次性包装的使用，简化包装设计形式，减少包装废弃物的使用，提高回收再利用率。流通加工具有较强的生产特性，一般是在配送中心或中转站完成的物流活动，是重要物流作业环节之一。

流通加工较分散，可能会对环境造成二次污染，造成物流活动停滞不前，配送效率低，物流成本加大。因此采用绿色流通加工的作业形式，由分散作业转向更加专业化的物流操作，能够减少环境污染和废弃物的丢弃，提高加工效率和原材料利用率。通过规模化、专业化集中式流通加工，可以提高产品本身的附加价值，提高物流速度和物品的利用率，完善商品的使用价值以及衔接不同的运输方式等。

6.4.2 行为主体

绿色物流贯穿于供应链的每个环节，供应链上的企业是直接实施者，政府是监督者，公众是受益者和推动者。

对于企业来说，不论处于生产环节还是流通环节，都是供应链上的成员，都是物流活动中的核心和主体，不仅要考虑自身的物流效率，还应参与供应链的信息共享，并且与供应链上的其他关联者合作，及时获得其他成员和各业务环节上的运行信息，否则会发生供应链的断裂。

政府是权力部门，通过制定法律、法规对绿色物流体系中的各个行为主体进行监管和控制，并监督企业和个人的实施情况；利用政府的影响力，开展绿色物流的宣传教育工作，让更多的企业和个人认识、了解绿色物流的内涵和意义；采取一定的经济手段对遵守绿色物流发展的企业进行奖励，并对那些违反绿色物流原则的企业进行惩罚。

良好的生态环境能够为公众提供好的工作、学习和生活场所，然而最直接的污染受害者就是公众。公众的绿色消费行为能反作用于企业，促进企业进行绿色生产；客户满意度是物流业考察的一项重要指标，公众的绿色消费观点能够影响企业的战略发展，促使企业以绿色营销为宗旨，提供绿色包装、绿色服务等。

6.5 基于云模型的综合评判模型

模糊性和随机性是人工智能领域推理以及知识不确定性的主要原因。因此，对于人工智能领域推理和知识不确定性的研究主要分为模糊性研究和随机性研究。模糊集理论主要使用隶属度来表示模糊事物的主要性质——亦此亦彼性。在这个过程中，隶属函数是模糊集合的主要部分，也是最难精确确定的部分。传统模糊集理论的不彻底性是由使用精确的隶属函数来表达模糊集造成的。为解决模糊集理论的不彻底性，云模型应运而生。

6.5.1　云模型的基本概念

云模型主要能够反映人类知识或事物中概念的两种不确定性：一为模糊性（边界亦此亦彼性）；二为随机性（发生概率）。构成定性和定量相互的映射关系，从而将二者完全集成起来。在数域空间里，云既不是一条明晰的隶属度曲线，也不是一个确定的概率密度函数，而是可伸缩、有弹性、无边沿、近视无边、远观像云的一对多的数学映射图像。

云的基本概念如下：U 为确定数值代表的定量论域，T 作为位于 U 上的定性概念，元素 x（$x \in X$）对 T 的隶属度 $C_T(x) \in [0,1]$ 是一个随机数，且具有稳定倾向，则云就是概念 T 从论域 U 到区间 $[0,1]$ 的映射在数域空间上的分布。对于每一个云滴 x，它的数学语言如下：

$$C_T(x): U \to [0,1]$$

$$\forall x \in X (X \subseteq U)$$

$$x \to C_T(x)$$

云模型是根据自然语言中更具直观性的基本语言值作为切入点，将定性概念通过数学运算转换为一个个的定量化表述的数值，考虑到论域空间的角度，则可将云模型的定量数值转换成一个个离散点。转化的过程带有随机性和偶然性。每一个离散点都代表一个随机事件，类似于概率分布函数的表述。模糊性可通过云滴的确定度来反映，作为一个随机值，模糊性也可以采用概率分布函数进行描述。大量离散的云滴集合在一起构成云的图像，远观有形、近视无边，云的图像与自然中存在的云有一定相似之处。

由此可见，云是精确数值与定性语言值有效转换的桥梁。通过使用随机理论和模糊集合论来研究自然语言不确定性的基本规律，云以一定范围和分布规律的定量数据的形式来表达语言值的定性信息。同时，云也可以作反方向的转化。

6.5.2　云模型的数字特征

云用期望值（Ex）、熵（En）和超熵（He）这三个数值来表征其数字特征，它们能够定量化反映定性知识的特性。

期望值（Ex）是最能代表定性概念的值，表示的是概念在论域的中心值，其隶属度为 1，即完全隶属于该定性概念。

熵（En）用来度量定性概念的模糊度，可以体现定性概念的亦此亦彼性。通过熵可以反映论域中可被这个概念所能够接受的数值范围。熵的数值大小表征概念所接受的数值范围的大小。熵越大代表概念越模糊。

超熵（He）是熵的熵，它用于表征云滴离散的程度。He 越大，某一点的隶属度具有更大的随机性，云滴趋于更为离散，则该云厚度也越大。

可见，云模型不以精确的函数来表示，通过云的期望值、熵、超熵将模糊性和随机性集成到一起。云所代表的定性概念是通过该云的整体形状体现出来的。每个云滴即代表定量化表述的定性概念。

云克服了常用定性定量转换中的与人类的认知过程相悖的强硬规定性和确定性的弊端，且在数域空间中灵活伸缩，能够尽量减轻主观性带来的不精准性，从而提高权重的可信度。

在定性定量转化过程中，云规避了人类认知的确定性和规定性。由于云在数域空间具有灵活伸缩的性质，因此可以提高指标确定的效度和信度，有效弱化主观性。这主要基于以下两个方面：首先，云的数字特征仅仅用三个数值；其次，与 Rough 集等同类工具相比，云需要的计算资源和存储资源要小得多，而且，如果不考虑单一、具体的数据，则可以使用云模型压缩数据来表示数据的整体规律。同时，云模型是个十分严格的数学方法。云是精确数值与定性语言值有效转换的工具，而不是“模糊 + 随机”或“随机 + 模糊”，更不是“二次模糊”。云反映了现实世界的模糊性和随机性，使用不确定转化的方式来实现定性概念和定量数据之间的转换。但同时，也使转化过程具有具体性、可操作性和清晰性。甚至，模糊集合（只有模糊性）、概率论（只有随机性）等数学理论都可以用云来解释。云不是单一的模糊方法或单一的概率方法，也不是两者的简单加总。

6.5.3　云发生器

被软件模块化或硬件固化了的云模型生成算法为云发生器，定性和定量之间的联系主要通过云发生器建立起来。定性和定量二者相互依存，你中有我，我中有你。云发生器主要有正向云发生器、逆向云发生器、X 条件云发生器和 Y 条件云发生器等。这里主要介绍正向云发生器和逆向云发生器。

云模型中两个最重要的算法为正向云发生器和逆向云发生器。正向云发生器在已知三个特征数字的情况下用来生成所需数量的云滴，逆向云发生器实现从给定的云滴样本中反求出三个数字特征，从而实现对样本数据的定性评价。

算法 1：正向云发生器算法。

输入：某个定性概念期望值（Ex）、熵（En）以及超熵（He），并给定云滴数量 N。

输出：数域空间的 N 个云滴对应的定量位置以及云滴所表征的定性概念的确定度。

（1）生成以 En 为期望且以 He 为标准差的随机数 En'（正态分布）；

（2）随机生成以 Ex 为期望，以 En' 为标准差的数值 x；

（3）将 x 作为定性概念的一次的具体量化数值，即一个云滴；

（4）计算 $y = e^{-(x-Ex)^2/[2(En)^2]}$；

（5）定义 y 为 x 隶属于该定性概念的确定度；

（6）通过（x，y）则能够完整反映出定性定量之间转换的所有内容；

（7）重复上述步骤（1）~（6）以产生 N 个云滴。

算法 2：逆向云发生器算法。

输入：N 个云滴 x_i；

输出：这 N 个云滴对应定性概念的期望值（Ex）、熵（En）以及超熵（He）。

（1）通过 x_i 计算得出数据的样本均值 $\bar{x} = \frac{1}{N}\sum_{i=1}^{N} x_i$，一阶样本绝对中心矩 $B = \frac{1}{N}\sum_{i=1}^{N} |x_i - \bar{x}|$，以及样本方差 $S^2 = \frac{1}{N-1}\sum_{i=1}^{N} (x_i - \bar{x})^2$；

（2）$\hat{Ex} = \bar{x}$；

（3）$\hat{En} = \left(\frac{\pi}{2}\right)^{\frac{1}{2}} \times B$；

（4）$\hat{He} = (S^2 - \hat{En}^2)^{\frac{1}{2}}$。

6.6　基于云模型的物流企业绿色物流评价

利用云模型对物流企业绿色物流进行评价，首先要建立影响绿色物流的各个单因素，构成单因素集合，邀请相关专家对绿色物流影响强度进行判断，主要目的是确定各个单因素在总目标中的权重系数；其次确定评价等级标准即评语集；然后利用德尔菲法确定因素层次结构，利用上述介绍的云模型发生器对绿色物流评价指标进行定性与定量的转换；最后通过多因素模型分析处理量化的数据，对物流企业绿色物流实施综合评价，具体过程如下。

（1）确定绿色物流的评价指标体系，并利用德尔菲专家打分法和 AHP（层次分析法）确定各指标权重。

（2）确定评价标准，本书确定的评价标准："非常满意"为 90 ~ 100 分；"比较满意"为 80 ~ 89 分；"一般满意"为 60 ~ 79 分；"不满意"为 40 ~ 59 分；"非常不满意"为 0 ~ 39 分。

（3）通过逆向云发生器对实际获得的数据进行处理，得到单因素的云模型及其数字特征。计算过程如下：

输入指标：样本点 x_i（$i = 1,2,\cdots,n$）。

输出指标：云模型的三个数字特征（Ex，En，He）。

计算公式为：

①根据各个样本数据 x_i 计算其平均值 $\overline{X} = \frac{1}{n}\sum_{i=1}^{n} x_i$，一阶样本绝对中心矩 $B = \frac{1}{n}\sum_{i=1}^{n} |x_i - \overline{X}|$，以及样本方差 $S^2 = \frac{1}{n}\sum_{i=1}^{n} (x_i - \overline{X})^2$；

②则 $Ex = \overline{X}$，$En = \sqrt{\frac{\pi}{2}} \times \frac{1}{n}\sum_{i=1}^{n} |x_i - Ex|$，$He = \sqrt{S - En^2}$。

（4）利用云模型中的综合运算法将各个指标的评价云综合起来得到物流企业绿色物流的综合评价云。计算过程如下：

$$Ex = \frac{Ex_1 w_1 + Ex_2 w_2 + \cdots + Ex_n w_n}{w_1 + w_2 + \cdots + w_n}$$

$$En = \frac{w_1^2}{w_1^2 + w_2^2 + \cdots + w_n^2}En_1 + \frac{w_2^2}{w_1^2 + w_2^2 + \cdots + w_n^2}En_2 + \cdots + \frac{w_n^2}{w_1^2 + w_2^2 + \cdots + w_n^2}En_n$$

$$He = \frac{w_1^2}{w_1^2 + w_2^2 + \cdots + w_n^2}He_1 + \frac{w_2^2}{w_1^2 + w_2^2 + \cdots + w_n^2}He_2 + \cdots + \frac{w_n^2}{w_1^2 + w_2^2 + \cdots + w_n^2}He_n$$

（5）画出物流企业绿色物流评估云模型进行综合分析（见图 6 - 1）。

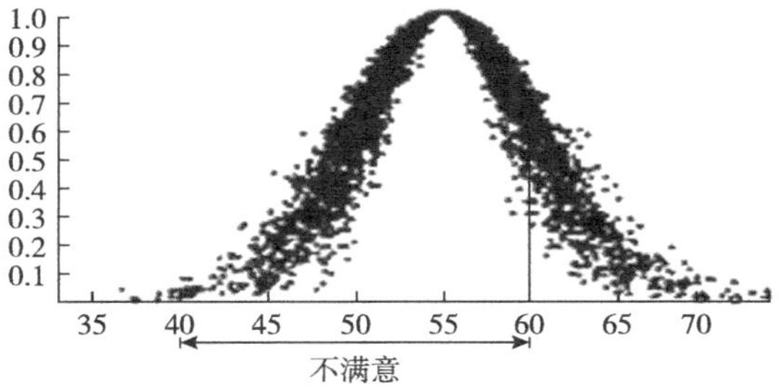

图6－1　物流企业绿色物流的综合评估云图

6.6.1　物流企业绿色物流评价实例分析

1. 构建评价指标体系及评价标准

评价成功与否的前提是评价指标制定得是否合理，指标层次的多少主要取决于所要研究问题的精度要求和复杂性。本书结合目前经常采用的职能维度（一级指标）和绿色维度（二级指标）两个方面来确定绿色物流评价指标，如表6－1所示。

表6－1　绿色物流评价指标体系

	一级指标	二级指标
绿色物流总评价值	绿色运输（C1）	百公里耗油（C11）
		车辆装载率（C12）
		运输破损率（C13）
		运输准时率（C14）
	绿色仓储（C2）	存储破损率（C21）
		货物周转率（C22）
		仓库利用率（C23）
	绿色包装（C3）	包装材料回收率（C31）
		包装材料可循环使用比（C32）
		包装材料与货物重量比（C33）

表6－1中各评价指标的评价标准分别与评价专家的经验知识相对应，用具有一定的模糊性语言值来表示某一定量的数值范围，例如，“绿色运输”中

“百公里耗油”的评价标准，分别对应于该物流企业绿色物流绿色运输中优劣的数值范围，其他指标类似。因子评价标准的5个定性概念在分值域的云表示方法如下：“非常满意”为90~100分；“比较满意”为80~89分；“一般满意”为60~79分；“不满意”为40~59分；“非常不满意”为0~39分。

2. 确定评价指标权重系数

根据专家实践经验建立如表6-2所示，的评价因素权重数值分布范围及对应的语言描述。

表6-2　评价因素权重数值分布范围及定性语言描述

权重范围	0~0.05	0.05~0.1	0.1~0.15	0.15~0.2	0.2~0.25	0.25~0.3	0.3~0.35	0.35~0.4
强度等级	一级	二级	三级	四级	五级	六级	七级	八级
期望值	0.025	0.075	0.125	0.175	0.225	0.275	0.325	0.375

必须经过反复多次计算才能得到云模型的三个数字特征。被邀请的专家对各个评价指标体系进行强度等级打分时，这种定性的语言描述具有随机性和模糊性，比较符合人类的认知规律。根据专家打分的原始数据，运用云发生器进行定性与定量的互相转换，然后采用逆向云发生器计算云模型的数字特征，再由正向云发生器产生云图，如此反复直到达到专家要求的可控收敛速度和质量。通常做法如下：在第一轮征求专家意见时，各专家的意见比较分散，导致 *En* 和 *He* 比较大，得到的云滴比较离散，云图整体呈现雾状（见图6-2）；在第二轮征求专家意见时，*En* 和 *He* 逐渐减小，此时的云图较第一次集中，表示概念开始形成（见图6-3）；在进行到第三轮时，*En* 和 *He* 再次减小，这时的云图比较凝聚，表示概念已经形成（见图6-4）。第三轮结束后，物流企业绿色物流评价指标权重确定，结果如表6-3所示。

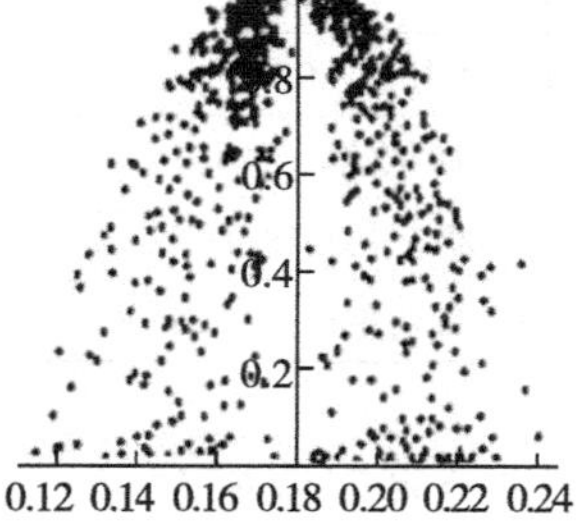

图6-2　第一轮云图

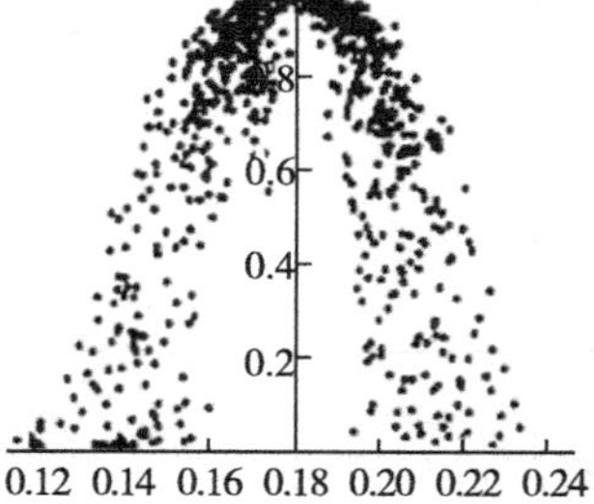

图6-3　第二轮云图

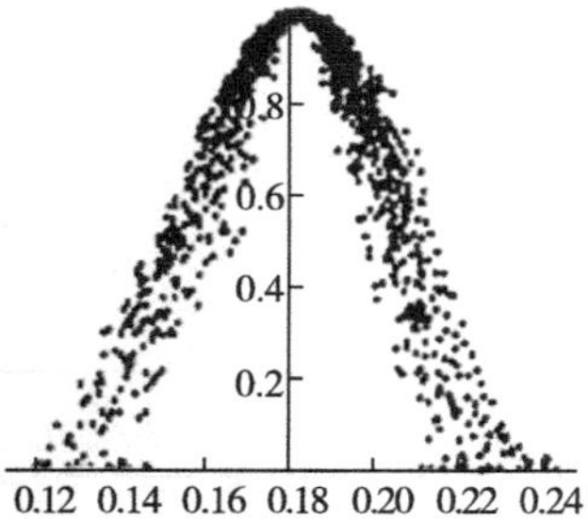

图6-4　第三轮云图

表 6－3　绿色物流评价各指标权重

<table>
<tr><th rowspan="11">绿色物流总评价值</th><th>一级指标权重</th><th>二级指标权重（相对一级指标权重）</th><th>二级指标权重（相对总指标权重）</th></tr>
<tr><td rowspan="4">绿色运输（0. 6329）</td><td>0. 5683</td><td>0. 3597</td></tr>
<tr><td>0. 2654</td><td>0. 1680</td></tr>
<tr><td>0. 1187</td><td>0. 0752</td></tr>
<tr><td>0. 0476</td><td>0. 0301</td></tr>
<tr><td rowspan="3">绿色仓储（0. 2583）</td><td>0. 1039</td><td>0. 0268</td></tr>
<tr><td>0. 2682</td><td>0. 0693</td></tr>
<tr><td>0. 6279</td><td>0. 1622</td></tr>
<tr><td rowspan="3">绿色包装（0. 1088）</td><td>0. 2485</td><td>0. 0270</td></tr>
<tr><td>0. 6787</td><td>0. 0738</td></tr>
<tr><td>0. 0728</td><td>0. 0079</td></tr>
</table>

3. 评价指标的定性定量转化及综合评价

表 6－4 为物流企业绿色物流的评价调查表。根据专家的知识经验，用云模型去描述评价指标的各评价标准，然后利用云发生器实现绿色物流评价具体指标的定性与定量的相互转换，获取各评价指标的量化值。

表 6－4　绿色物流评价因素指标描述

因素	因子	评语	量化值
绿色运输	百公里耗油	一般满意	75
	车辆装载率	非常满意	93
	运输破损率	比较满意	85
	运输准时率	比较满意	83
绿色仓储	存储破损率	比较满意	82
	货物周转率	一般满意	78
	仓库利用率	比较满意	83
绿色包装	包装材料回收率	比较满意	85
	包装材料可循环使用比	非常满意	95
	包装材料与货物重量比	非常满意	91

根据获取的量化值和上述计算的各指标的权重系数，利用多因素综合评价模型的基本原理计算物流企业绿色物流的综合得分。计算公式如下：

综合得分 = $\sum_{i=1}^{10} W_i F_i$（i 表示评价指标个数，F_i 为第 i 个指标的量化值，W_i 为第 i 个指标的权重系数） $= 0.3597\times75+0.1680\times93+0.0752\times85+0.0301\times83+0.0268\times82+0.0693\times78+0.1622\times83+0.0270\times85+0.0738\times95+0.0079\times91=82.6736$，属于“比较满意”，在“百公里耗油”和“货物周转率”方面需要进一步加强。

4. 结论

本书针对物流企业绿色物流综合评价，利用云模型理论、德尔菲专家打分法和多因素综合评价模型等计算了绿色物流评价指标权重系数，利用云发生器基本原理实现评价指标的定性与定量转换。该方法充分实现了人类认知的随机性和模糊性，更能准确地描述人类对客观世界的认知规律。从研究结果可以看出，利用云模型计算的各指标权重分布比较合理，评价结果合理可靠，说明基于云模型的物流企业绿色物流评价方法具有一定实际意义。

6.6.2 我国绿色物流发展的对策建议

当前我国积极发展绿色物流，既是适应世界经济一体化，应对日益激烈的跨国物流竞争的重要举措，也是实施可持续发展战略，坚持科学发展观，增强国家经济实力和现代化程度的战略选择。发展绿色物流、实现物流绿色化是大势所趋，已成为摆在我们面前的一个急迫而重大的任务。我国应积极实施物流活动并大力提倡和发展绿色物流，可从以下几个方面入手。

1. 树立绿色物流观念

观念是一种带根本性和普遍意义的世界观，是一定生产力水平、生活水平和思想素质的反映，是人们活动的指南。由于长期的低生产力，人们更多地考虑温饱等低层次问题，往往为眼前利益忽视长远利益，为个体利益忽视社会利益。企业因这种非理性需求展开掠夺式经营，忽视长远利益和生态利益及社会利益，因而屡次遭到大自然的警告。

2. 推行绿色物流经营

物流企业要从保护环境的角度制定其绿色经营管理策略，以推动绿色物流进一步发展。

（1）选择绿色运输。通过有效利用车辆，降低车辆运行，提高配送效率。

例如，合理规划网点及配送中心、优化配送路线、提高共同配送、提高往返载货率；改变运输方式，由公路运输转向铁路运输或海上运输；使用绿色工具，降低废气排放量，等等。

（2）提倡绿色包装。包装不仅是商品卫士，而且也是商品进入市场的通行证。绿色包装要醒目环保，还应符合 4R 要求，即少耗材（Reduction）、可再用（Reuse）、可回收（Reclaim）和可再循环（Recycle）。

（3）开展绿色流通加工。由分散加工转向专业集中加工，以规模作业方式提高资源利用率，减少环境污染；集中处理流通加工中产生的边角废料，减少废弃物污染，等等。

（4）搜集和管理绿色信息。物流不仅是商品空间的转移，也包括相关信息的搜集、整理、储存和利用。绿色物流要求搜集、整理、储存的都是各种绿色信息，并及时运用于物流中，促进物流的进一步绿色化。

3. 开发绿色物流技术

绿色物流的关键所在，不仅依赖绿色物流观念的树立、绿色物流经营的推行，更离不开绿色物流技术的应用和开发。没有先进物流技术的发展，就没有现代物流的立身之地。同样，没有先进绿色物流技术的发展，就没有绿色物流的立身之地。而我们的物流技术与绿色要求有较大的差距，如物流的机械化、自动化、信息化及网络化，与西方发达国家的物流技术相比，大概有 10 ~ 20 年的差距。要大力开发绿色物流技术，否则绿色物流就无从谈起。

4. 制定绿色物流法规

绿色物流是当今经济可持续发展的一个重要组成部分，它对社会经济的不断发展和人类生活质量的不断提高有重要意义。正因为如此，绿色物流的实施不仅是企业的事情，而且还必须从政府约束的角度对现有的物流体制强化管理。

一些发达国家的政府非常重视制定政策法规，在宏观上对绿色物流进行管理和控制。尤其是要控制物流活动的污染发生源，物流活动的污染发生源主要表现在：运输工具的废气排放污染空气、流通加工的废水排放污染水质、一次性包装的丢弃污染环境等。因此，他们制定了诸如污染发生源、限制交通量、控制交通流等的相关政策和法规。国外的环保法规种类很多，有些规定相当具体、严厉，国际标准化组织制定的最新国际环境标准也已经颁布执行。

5. 加强对绿色物流人才的培养

绿色物流作为新生事物，对营运筹划人员和各专业人员的素质要求较高。因此，要实现绿色物流的目标，培养和造就一批熟悉绿色理论和实务的物流人才是当务之急。

第7章　社会物流成本优化控制评价研究——以某钢铁企业为例

现今，物流作为企业的第三利润源日益受到重视，已逐步成为企业竞争的关键领域。对于我国的钢铁企业而言，物流成本已成为影响市场竞争力的关键因素。近年来，钢铁产量逐年增加，钢铁行业快速发展，导致铁矿、焦炭、煤等价格暴涨，同时相关的运输价格也同步上涨。钢铁企业产品成本的50%～70%由原材料采购费和运输费组成，因而导致进厂钢铁物流成本大幅涨价，造成利润空间被相关的费用所占据。所以，如何在保证原料供应的前提下降低钢铁企业的采购物流成本成为钢铁企业亟待解决的关键问题之一，同时也是国内外学者研究的主要领域。

7.1　物流成本相关理论

7.1.1　物流成本概念

物流成本（Logistics Cost）是指产品的空间移动或时间占有中所耗费的各种活劳动和物化劳动的货币表现。物流成本，指的是在物流活动过程中发生的成本。具体地说，它是产品在实物运动过程中，如包装、装卸、运输、储存、流通加工等各个活动中所支出的人力、财力和物力的总和。物流成本管理就是对物流相关费用进行的计划、协调与控制。

我国在2006年颁布实施的国家标准《企业物流成本计算与构成》GB/T 20523—2006中指出："物流成本是企业物流活动中所消耗的物化劳动和活劳动的货币表现，包括货物在运输、储存、包装、装卸搬运、流通加工、物流信息、物流管理等过程中所耗费的人力、物力和财力的总和以及与存货有关的流动资金占用成本、存货风险成本和存货保险成本。”该定义的物流成本包含两方面的内容：一方面是直接在物流环节产生的支付给劳动力的成本、耗费在机器设备上的成本以及支付给外部第三方的成本；另一方面包括在物流环节中因持有存货等所潜在的成本，如占有资金成本、保险费等。

现代物流成本的范围更广，贯穿于企业经营活动的全过程，包括从原材料供应开始一直到将商品送达消费者手中所发生的全部物流费用。物流成本按不同的标准有不同的分类。按产生物流成本主体的不同，可以分为企业自身物流成本和委托第三方从事物流业务所发生的费用，即委托物流费。如果按物流的功能，可以对物流成本作如下分类。

1. 运输

主要包括人工费用，如运输人员工资、福利等；营运费用，如营运车辆燃料费、折旧、公路运输管理费等；其他费用，如差旅费等。

2. 仓储成本

主要包括建造、购买或租赁等仓库设施设备的成本和各类仓储作业带来的成本。

3. 流通加工

主要包括流通加工设备费用、流通加工材料费用、流通加工劳务费用及其他。

4. 包装

主要包括包装材料费用、包装机械费用、包装技术费用、包装人工费用等。

5. 装卸与搬运

主要包括人工费用、资产折旧费、维修费、能源消耗费以及其他相关费用。

6. 物流管理

包括企业为物流管理所发生的差旅费、会议费、交际费、管理信息系统费以及其他杂费。

7.1.2 物流成本特点

和其他成本比较，物流成本有许多不同之处，但最突出的只有两点。这两点被归结为物流冰山现象和效益背反（交替损益）现象。

物流冰山现象本来是日本早稻田大学西泽修教授研究有关物流成本问题所提出来的一种比喻。在物流学界，现在已经把它延伸成物流基本理论之一，把它看成德鲁克学说的另一种描述。

物流冰山理论认为，在企业中，绝大多数物流发生的费用是被混杂在其他费用之中，而能够单独列出会计项目的只是其中很小一部分，这一部分是可见的，常常被人们误解为它就是物流费用的全貌，其实只不过是浮在水面上的、能被人所见的冰山一角而已。

交替损益现象是物流成本的另一个特点。物流成本的发生源很多，其成本发生的领域往往在企业里面是不同部门管理的领域。因此，这种部门的分割就使得相关物流活动无法进行协调和优化，此长彼消、此损彼益的现象是经常有的。其实，在任何一个大系统中，系统要素之间经常会出现这种矛盾，系统工程的主要目的也在于从系统高度寻求总体的最优。

7.1.3　计算条件

根据物流成本的冰山理论，有很多项物流成本是隐藏的。物流成本可大可小，完全在于其计算的范围和方法。因此，在计算物流成本时，必须首先明确计算条件。如果无视计算条件，物流成本也就失去了存在的意义。物流成本的计算条件指物流范围、物流功能范围和物流成本计算科目范围。

1. 物流范围

顾名思义，物流范围指的是物流的起点和终点的长短。人们通常所讲的物流有原材料物流，即原材料从供应商转移到工厂时的物流；工厂内物流，即原材料、半成品、成品在工厂的不同车间、不同地点的转移和存储；从工厂到仓库的物流；从仓库到客户的物流，这个范围相当广阔。所以，从哪里开始到哪里为止，作为物流成本的计算对象，会引起物流成本发生很大的变化。

2. 物流功能范围

物流功能范围是指在运输、保管、配送、包装、装卸、信息管理等众多的物流功能中，把哪种物流功能作为计算对象。可以想见，把所有的物流功能作为计算对象的成本与只把运输、保管这两种功能作为计算对象，所得到的成本会相差甚远。

3. 物流成本计算科目范围

成本计算科目的范围所指的是在会计科目中，把其中的哪些科目列入计算对象的问题。在科目中，有运费开支、保管开支这类企业外部的开支，也有人工费、折旧费、修缮费、燃料费等企业内部的支出。这么多开支项目，把哪些列入成本计算对象中，对物流成本的大小影响颇大。所以，以上三方面的范围选择决定着物流成本的大小。企业在制定计算条件时，绝不可盲目或大意，而应立足于该企业的实际情况，来决定自己合理的物流成本计算科目范围。成本只有在相同的条件下进行比较时，才能得出正确的结果。因此，为了各个企业间的相互比较，在计算物流成本时，应尽快统一行业标准。

7.1.4 核算方法

1. 按支付形态划分并核算物流成本

把物流成本分别按运费、保管费、包装材料费、自家配送费（企业内部配送费）、人事费、物流管理费、物流利息等支付形态记账。从中可以了解物流成本总额，也可以了解什么经费项目花费最多。这种方法对认识物流成本合理化的重要性以及考虑物流成本管理应以什么为重点，十分有效。

2. 按功能划分并核算物流成本

分别按包装、配送、保管、搬运、信息、物流管理等功能来核算物流费用。从这种方法可以看出哪种功能更耗费成本，比按形态计算成本的方法能更进一步找出实现物流合理化的症结。而且可以计算出标准物流成本（单位个数、质量、容器的成本），进行作业管理，设定合理化目标。

3. 按适用对象划分并核算物流成本

按适用对象核算物流成本，可以分析出物流成本都用在哪一种对象上。如可以分别把商品、地区、顾客或营业单位作为适用对象来进行计算。

按分店或营业所核算物流成本，就是要计算出各营业单位物流成本与销售金额或毛收入的对比，用来了解各营业单位物流成本中存在的问题，以加强管理。

按顾客核算物流成本的方法，又可分按标准单价计算和按实际单价计算两种计算方式。按顾客计算物流成本，可用来作为选定顾客、确定物流服务水平等制定顾客战略的参考。

按商品核算物流成本是指通过把按功能计算出来的物流费，用以各自不同的基准，分配各类商品的方法计算出来的物流成本。这种方法可以用来分析各类商品的盈亏，在实际运用时，要考虑进货和出货差额的毛收入与商品周转率之积的交叉比率。

4. 采用作业成本法核算物流成本

以活动为基础的成本分析法是被人为确定和控制物流费用最有前途的方法。

作业成本法是以作业为基础，把企业消耗的资源按资源动因分配到作业，以及把作业收集的作业成本按作业动因分配到成本对象的核算方法。其理论基础是：生产导致作业的发生，作业消耗资源并导致成本的发生，产品消耗作业，因此，作业成本法下成本计算程序就是把各种资源库成本分配给各作业，再将各作业成本库的成本分配给最终产品或劳务。

以作业为中心，不仅能提供相对准确的成本信息，而且还能提供改善作业的非财务信息。以作业为纽带，能把成本信息和非财务信息很好地结合起来，即以作业为基础分配成本，同时以作业为基础进行成本分析和管理。

应用作业成本法核算企业物流并进行管理可分为如下 4 个步骤。

（1）界定企业物流系统中涉及的各个作业。作业是工作的各个单位，作业的类型和数量会随着企业的不同而不同。例如，一个顾客服务部门的作业包括处理顾客订单、解决产品问题以及提供顾客报告三项作业。

（2）确认企业物流系统中涉及的资源。资源是成本的源泉，一个企业的资源包括直接人工、直接材料、生产维持成本（如采购人员的工资成本）、间接制造费用以及生产过程以外的成本（如广告费用）。资源的界定是在作业界定的基础上进行的，每项作业应涉及相关的资源，与作业无关的资源应从物流核算中剔除。

（3）确认资源动因，将资源分配到作业。作业决定着资源的耗用量，这种关系称作资源动因。资源动因联系着资源和作业，它把总分类账上的资源成本分配到作业。

（4）确认成本动因，将作业成本分配到产品或服务中。作业动因反映了成本对象对作业消耗的逻辑关系，例如，问题最多的产品会产生最多顾客服务的电话，故按照电话数的多少（此处的作业动因）把解决顾客问题的作业成本分配到相应的产品中去。

7.2 价值工程介绍

7.2.1 价值工程基本理论原理

价值工程（Value Engineering，VE），也叫价值分析（Value Analysis，VA），是一门致力于降低产品或系统成本，提高产品或系统功能，以最低寿命周期成本实现产品必要功能的经济与技术相结合的学科，该方法可以有效降低成本，提高经济效益。它是通过各相关领域的协作，不断创新，对研究对象的成本与功能进行系统分析，提高产品价值的管理技术和思想方法。

价值工程在1947年由美国通用电气公司工程师麦尔斯首先提出。他发现有一些短缺材料可以由相对不太短缺的材料很好地代替，并逐渐总结了一套在保证获得同样功能的前提下降低成本的行之有效的方法，称为价值分析（VA）。后来该方法被广泛应用于老产品改进、新产品开发、工程建设和材料选用等多种领域，目前已成为一种技术经济分析方法，称为价值工程。

在价值工程原理中，价值的公式为：

$$V = \frac{F}{C} \tag{7-1}$$

式（7-1）中，V——价值（Value，价值系数）；F——功能（Function，对象的效用）；C——成本（Life Cycle Cost，寿命周期成本）。

可见，价值工程包括三个基本要素，即价值、功能和寿命周期成本。

7.2.2 提高价值的途径

由 $V=F/C$ 中得出，有5种方式可以提高价值。

（1）在降低成本的同时，提高对象功能。这是最理想的方式。应用新技术，采取合理的措施，可以提高功能，降低成本，大大提高了价值。

（2）降低成本，功能不变。这种方法侧重于产品生命周期成本的降低。在保持功能不变的前提下，通过原材料的改变，生产过程中的优化，从而降低成本，以便获得更大的价值。但是，应该指出，生命周期成本的降低必须在保证产品必要功能的前提下。

（3）功能提高，成本不变。这种方法侧重于提高企业的生产功能。通过改进和创新，在保持成本不变的情况下，提高产品的功能，从而提高其产品的竞争力，获得更大价值。

（4）成本略有增加，但功能有很大的提高。为了满足用户的需求，设计者稍微增加了成本，但大大提高了产品的功能，这也可以提高产品价值。这种方式必须确保所增加的成本幅度明显低于功能改善的幅度。

（5）功能略有减少，但成本大幅下降。在不影响主要功能的前提下，产品适当去除一些对成本影响较大的辅助功能，从而大幅度降低成本，提高产品价值。这种方法必须确保功能降低的幅度明显小于成本下降的幅度。

7.2.3　价值工程用于多方案优选的特点

项目的功能分析是利用价值工程进行多方案筛选最重要的环节。功能分析建立了一个让项目参与各方、利益相关各方进行沟通和交流的平台，利用集体的智慧全面考虑需要的各种功能与实现这些功能所必要费用的合理搭配。这是一个技术和经济比较的结果。其目的是使项目在技术上较为先进可行，在经济上较为合理。同时，它更加直观，容易理解，并具有一定的科学性，是非常值得应用和推广的。

利用价值工程进行多方案优选，应注意以下问题。

首先，假设各方案设计的寿命周期相等；其次，为了平衡各方的利益和意见，以防止个人片面的决策发挥主导作用，必须选择适当数量的专家和利益相关者，成立价值工程管理团队，专家的专业分布要合理，其中最好包括使用者代表；最后，有明确的团队负责人，依靠集体智慧和有组织的活动，利用德尔菲法对拟建项目进行功能分析，得出功能分析系统图。

在设计方案筛选过程中，如何确定评价标准，如何评估每个方案的优点和缺点，如何予以量化地进行筛选，这就需要引入价值工程的一些具体方法与理论。

7.2.4　构建价值评价模型

在方案评选阶段运用价值工程效果最为明显。功能分析是价值工程的核心，是在满足功能的条件下控制成本，平衡功能和成本，而不是一味强调降低成本。用此方法来评选住宅综合效益是十分恰当的。

价值评价模型的构建一般步骤为：

（1）功能分析：在上述分析中，我们将物流成本进行了分类介绍，在此部分，我们选择几项重要的指标，对物流成本进行评价。

（2）功能评价：就是比较各项功能的重要性，一般通过10分制加权平均法、环比评分法等方法对各项指标的功能评价系数进行计算，并将其作为功能的权重。

（3）方案评价：对各方案针对各功能和评价指标的满足程度进行打分，用功能评价系数代表各方案的功能评价得分，然后计算各项方案的成本系数，最后计算出各项方案的价值系数，系数最大的方案为最好。

7.3 区间数指标权重确定的熵值法原理与算法

在讨论熵值法时要用到序列信息熵的概念，因此具有如下定义。

设某个序列里面的元素均为非负数，记为：$X = \{x_1, x_2, \cdots, x_m\}$，且满足 $\sum_{i=1}^{m} x_i = 1$，则序列 X 的信息熵可以定义为：

$$E = -(\ln m)^{-1} \sum_{i=1}^{m} x_i \ln x_i \ (0\ln 0 \equiv 0) \tag{7-2}$$

由式（7-2）可以看出，信息熵 $E \geqslant 0$；当且仅当 $x_1 = x_2 = \cdots = x_m = \frac{1}{m}$ 时，信息熵 $E = 1$。因此 E 的取值范围为 $0 \leqslant E \leqslant 1$，$E$ 值越大，表示序列 X 近似为常数列，即序列 X 中的元素相对较集中；相反，E 值越小，表示序列 X 中的元素相对离散。由此可以看出，序列 X 的信息熵 E 是反映序列 X 中元素的离散程度的。

本书研究的铁矿石采购物流成本核算问题是一个多指标决策问题，设多指标决策问题的可行性方案一共有 m 个，记为：$A_1, A_2, \cdots, A_m$，n 个评价指标记为：$g_1, g_2, \cdots, g_n$，可行方案 $A_i (i = 1,2,\cdots,m)$ 在评价指标 $g_j (j = 1,2,\cdots,n)$ 下的指标值为非负区间数 $[a_{ij}^-, a_{ij}^+]$（$0 \leqslant a_{ij}^- \leqslant a_{ij}^+$），$i = 1,2,\cdots,m$；$j = 1,2,\cdots,n$。

多指标决策矩阵为 $\boldsymbol{A}=([a_{ij}^{-},a_{ij}^{+}])_{m\times n}$，则 w_j 为评价指标 g_j 的权重，且满足 $\sum_{j=1}^{n}w_j=1\ (j=1,2,\cdots,n)$。

由客观赋权法的基本原理可知，在决策矩阵中，评价指标 g_j 下各方案指标值越离散（或偏差越大），则该评价指标权重越大；相反，该评价指标对各方案指标值越集中（或偏差越小），则该评价指标权重越小。

评价指标 g_j 下各方案区间数指标值序列的偏差体现在其上下界序列的偏差。而上述定义的序列信息熵恰能准确地度量评价指标 g_j 下各方案区间数指标值的上界值序列偏差程度和下界值序列偏差程度。

各方案评价指标 g_j 的下界序列信息熵

$$E_j^{-}=-(\ln m)^{-1}\sum_{i=1}^{m}p_{ij}^{-}\ln p_{ij}^{-},(j=1,2,\cdots,n) \tag{7-3}$$

上式中：
$$p_{ij}=a_{ij}^{-}/\sum_{i=1}^{m}a_{ij}^{-},(i=1,2,\cdots m) \tag{7-4}$$

依此类推，上界序列信息熵 $E_j^{+}=-(\ln m)^{-1}\sum_{i=1}^{m}p_{ij}^{+}\ln p_{ij}^{+},(j=1,2,\cdots,n)$

(7-5)

其中：
$$p_{ij}^{+}=a_{ij}^{+}/\sum_{i=1}^{m}a_{ij}^{+},(i=1,2,\cdots m) \tag{7-6}$$

下界序列信息熵和上界序列信息熵的均值 E_j 可以反映评价指标 g_j 各方案区间数指标值序列的离散程度，记为：

$$E_j=1/2(E_j^{+}+E_j^{-}) \tag{7-7}$$

E_j 就称为各方案评价指标序列的信息熵，熵值 E_j 越大说明指标之间的偏差越小，则各方案评价指标权重越小，反之，权重越大。所以，g_j 指标对方案优选或排序的重要程度 d_j 为：

$$d_j=1-E_j,(j=1,2,\cdots,n) \tag{7-8}$$

区间数指标 g_j 的权重为：$w_j=d_j/\sum_{j=1}^{n}d_j,(j=1,2,\cdots,n)$　　(7-9)

7.4 实例分析

7.4.1 功能系数的计算

假设钢铁企业在从巴西进口铁矿石时，主要涉及的物流成本包括巴西境内运输作业成本、海运作业成本、江运作业成本、滞货作业成本、装卸作业成本、堆存作业成本、采购管理作业成本等，路线主要有北仑、青岛、日照、湛江等，四种运输路线看作方案评价对象。各方案的成本核算评价指标值如表7－1所示。

表7－1 各方案指标值

	巴西境内运输作业成本	海运作业成本	江运作业成本	滞货作业成本	装卸作业成本	堆存作业成本	采购管理作业成本
北仑	(101，102)	(250，251)	(28，30)	(7，8)	(5，6)	(0.3，0.4)	(6，8)
青岛	(99，101)	(256，258)	(47，50)	(0.4，0.5)	(5，6)	(0.3，0.4)	(6，8)
日照	(100，101)	(253，256)	(60，63)	(0.4，0.5)	(4，6)	(0.3，0.4)	(6，8)
湛江	(102，104)	(236，239)	(29，32)	(4，5)	(4，6)	(0.3，0.4)	(6，8)

下面利用上述介绍的熵值法求7个作业成本评价指标的权重。

(1) 各方案作业成本的下界决策矩阵为：

$$\boldsymbol{A}^{-}=\begin{pmatrix}101 & 250 & 28 & 7 & 5 & 0.3 & 6\\ 99 & 256 & 47 & 0.4 & 5 & 0.3 & 6\\ 100 & 253 & 60 & 0.4 & 4 & 0.3 & 6\\ 102 & 236 & 29 & 4 & 4 & 0.3 & 6\end{pmatrix}$$

由式(7－3)、式(7－4)，可得各方案区间数指标的下界序列信息熵：

$E_1^- = 0.9611$ $E_2^- = 0.9167$ $E_3^- = 0.9977$ $E_4^- = 0.9916$

$E_5^- = 0.9958$ $E_6^- = 0.9999$ $E_7^- = 0.9987$

(2) 同理可得各方案指标值的上界决策矩阵：

$$A^{+}=\begin{pmatrix}102 & 251 & 30 & 8 & 6 & 0.4 & 8\\ 101 & 258 & 50 & 0.5 & 6 & 0.4 & 8\\ 101 & 256 & 63 & 0.5 & 6 & 0.4 & 8\\ 104 & 239 & 32 & 5 & 6 & 0.4 & 8\end{pmatrix}$$

由式（7－5）、式（7－6），可得出各方案区间数指标的上界序列信息熵：

$E_1^+=0.9521$　　$E_2^+=0.9235$　　$E_3^+=0.9843$　　$E_4^+=0.9982$

$E_5^+=0.9998$　　$E_6^+=0.9999$　　$E_7^+=0.9947$

（3）由式（7－7）计算各区间数指标值序列信息熵：

$E_1=0.9566$　　$E_2=0.9201$　　$E_3=0.9910$　　$E_4=0.9948$

$E_5=0.9978$　　$E_6=0.9999$　　$E_7=0.9967$

（4）由式（7－8）计算各指标对方案排序的重要程度：

$d_1=0.0434$　　$d_2=0.0799$　　$d_3=0.0090$　　$d_4=0.0051$

$d_5=0.0022$　　$d_6=0.0001$　　$d_7=0.0033$

（5）由式（7－9）计算各评价指标的功能系数权重：

$w_1=0.3035$　　$w_2=0.5587$　　$w_3=0.0629$　　$w_4=0.0357$

$w_5=0.0154$　　$w_6=0.0007$　　$w_7=0.0231$

由此可以看出，在钢铁企业铁矿石采购物流成本功能系统中，巴西境内运输作业成本、海运作业成本、江运作业成本、滞货作业成本、装卸作业成本、堆存作业成本、采购管理作业成本的功能系数分别为：0.3035、0.5587、0.0629、0.0357、0.0154、0.0007、0.0231。在该系统中对其影响最大的首先是海运作业成本、巴西境内运输作业成本，其次是江运作业成本、滞货作业成本和采购管理作业成本，而装卸作业成本和堆存作业成本对其影响程度相对较小。

7.4.2　成本系数的计算

成本的计算按照作业成本法对物流成本功能系统各作业活动的实际支出费用进行核算，再按公式 $CI_j=C_j/\sum_{j=1}^{7}C_j$（$CI_j$ 表示第 j 个作业活动的成本系数，C_j 表示第 j 个作业活动的实际成本，$\sum_{j=1}^{7}C_j$ 表示各作业活动的实际成本之和）计算出成本系数，某物流企业的实际成本和成本系数计算结果见表 7－2。

表 7－2　物流成本功能系统各作业活动的实际成本与成本系数

作业活动	实际成本（元/吨）	成本系数
巴西境内运输作业成本	101.37	0.2518
海运作业成本	249.64	0.6202
江运作业成本	30	0.0745
滞货作业成本	8.0816	0.0201
装卸作业成本	5.92	0.0147
堆存作业成本	0.36	0.0009
采购管理作业成本	7.17	0.0178
总　　计	402.54	1.0000

7.4.3　价值系数的计算

有了功能系数和成本系数，根据公式 $V=\frac{F}{C}$，可以计算出物流成本功能系统各作业活动的价值系数，结果见表 7－3。

表 7－3　物流成本功能系统各作业活动的价值系数

作业活动	功能系数	成本系数	价值系数
巴西境内运输作业成本	0.3035	0.2518	1.2053
海运作业成本	0.5587	0.6202	0.9008
江运作业成本	0.0629	0.0745	0.8443
滞货作业成本	0.0357	0.0201	1.7761
装卸作业成本	0.0154	0.0147	1.0476
堆存作业成本	0.0007	0.0009	0.7778
采购管理作业成本	0.0231	0.0178	1.2978

从表 7－3 可以看出，巴西境内运输作业成本、滞货作业成本、装卸作业成本、采购管理作业成本的价值系数大于 1，可不作改进；而海运作业成本、江运作业成本、堆存作业成本的价值系数小于 1，说明该作业活动的成本耗费偏高或者功能价值偏小，需要进行改进。

7.4.4　计算目标成本

通过表 7－3 的价值系数可以看到，对于价值系数小于 1 的，也就是说这几个项目的功能与成本相比小于 1，成本支出比较高，需要对这几个分项成本进行控制（其他分项成本不变）。可以参照下面公式进行改进：$\Delta C_i = (C_i - F_i) \times C$，$C_i' = C_i - \Delta C_i$，其中 C_i' 为控制后的分项成本，计算结果见表 7－4。

表 7－4　各方案物流采购成本核算的目标成本

项目序号	功能系数	成本系数	成本降低额（元/吨）	目标成本（元/吨）
巴西境内运输作业成本	0.3035	0.2518	0	101.3700
海运作业成本	0.5587	0.6202	17.8129	231.8271
江运作业成本	0.0629	0.0745	0.3480	29.6520
滞货作业成本	0.0357	0.0201	0	8.0816
装卸作业成本	0.0154	0.0147	0	5.9200
堆存作业成本	0.0007	0.0009	0.0001	0.3599
采购管理作业成本	0.0231	0.0178	0	7.1700
合　　计				384.38

通过计算分项目标成本，对于价值系数小于 1 的项目成本得到了控制，并且最终目标成本比预算成本减少了 402.54－384.38＝18.16（元/吨）。

根据价值的计算公式，可以看出价值工程的主要目的有三个方面：一是在保证成本不变的同时提高产品功能；二是在保证产品功能不变的同时降低成本；三是在降低成本的同时提高对象功能。这是一种技术和经济相结合的科学成本控制方法。本书通过对模拟案例的分析，以价值工程和熵值法为基本原理，对物流运输成本进行控制，通过计算成本系数、功能系数和价值系数，从而确定最优成本策略，为进一步推进钢铁企业物流运输成本控制和科学决策提供了一种新方法，并取得了很好的效果。可见价值工程和熵值法在成本控制方面的应用具有一定的借鉴意义。

第 8 章　物流成本与经济发展评价

随着物流行业对经济发展的影响越来越大，物流成本的降低对经济的发展越来越具有促进作用。下面分别从宏观和微观角度来分析物流成本和经济效益之间的关系。从宏观方面来说，物流成本的降低对行业和社会经济效益的影响体现在三个方面：如果国内物流行业的效率全都提高，对国内物流行业在全球物流中的竞争力的提高有很大帮助；物流成本的下降对产品价格也会产生影响，从而有利于保持物价的稳定；对全社会来说，物流成本的下降说明了物流领域所创造的社会财富相对较多。从微观方面来说，物流成本的降低对行业和社会经济效益的影响体现在两个方面：物流成本在产品成本中的比重相对较大，降低物流成本可以大大提升企业利润，从而提高经济效益；物流成本的降低，使企业有更多的财力放在产品本身质量上，这样有利于企业提高产品的竞争力，从而为企业带来更多的利润。企业物流成本的降低，对国内物流、社会经济发展、企业自身都非常有利，对经济的发展有着很大的促进作用。

8.1　基于灰色关联分析的我国现代物流成本评价

近十多年来，中国的物流业得到了快速的发展，1991—2004 年，我国的社会物流总额（也称为物流业务收入或社会物流货物总额，是指经过社会物流服务，最终送达用户的货物价值总值）年均增长率达 21.6%，远高于 9.7% 的 GDP 增长速度。而到 2011 年全国社会物流总额 158.4 万亿元人民币，按可比价格计算，同比增长 12.3%，物流的理念正在被大多数人所接受和理解。另外，外贸、仓储、运输等一些企业都不约而同地把目光放在现代物流上，希望从中能寻找新的利润增长点。从理论上讲，人们对于现代物流的研究在多数情况下都是围绕物流成本问题而展开的。具体来讲就是如何实现物流水平服务的最优化，物流成本的最小化，或者是在物流成本达到最小化的问题上如何使物流服务最优化或者最大化。但是在现实经济生活中，中国的物流已经进入了快速甚至高速发展时期，在物流业务收入增长迅速的同时，物流成本却居高不下。所以，如何调整物流成本结构，降低社会物流成本，将是许多学者面临的关键问题之一。

8.1.1　灰色关联分析理论

在客观世界中，因素之间的关系是比较复杂的，尤其是事物的表面现象和变化过程的随机性容易混淆人们的直觉，掩盖事物的本质，从而使人们在认识上得不到全面的、可靠的信息，这样就难以对因素进行主次之分。在进行系统分析时也就遇到了困难，即难以找到主要矛盾、发现主要特征和主要关系。灰色系统理论为我们提供了崭新的多因素分析方法——灰色关联分析方法。灰色关联是指事物间的不确定关联，或系统因子之间、因子对主行为之间的不确定关联。灰色关联分析是一种用灰色关联度顺序（简称为灰关联序）来描述因素间关系的强弱、大小、次序的方法，是通过灰色关联度来分析和确定系统因素间的影响程度或因素对系统主行为的贡献测度的一种方法。其基本思想是：以因素的数据序列为依据，用数学的方法研究因素间的几何对应关系，即序列曲线的几何形状越接近，则它们之间的灰色关联度越大；反之越小。灰色关联分析实际上也是动态指标的量化分析，充分体现了动态意义。

灰色关联分析是按事物的发展趋势作分析，因此对样本量的多少没有过多的要求，也不需要典型的分布规律，而且计算量比较小，其结果与定性分析结果会比较吻合，所以灰色关联分析是一种很具有自己独特优势的、比较实用和可靠的分析方法。以往的研究中，因素分析常采用回归分析、相关分析等统计方法。在进行回归分析时，要求样本足够大，且须呈典型分布，其计算量大、过程复杂烦琐，并且由于回归分析主要是数据幂、和、积等的运算，计算过程中的误差可导致严重错误，使因素间的本质联系受到歪曲。而统计相关分析中用来度量两个变量之间关系尺度的相关系数只适用于考察变量间的线性相关关系，也就是说当相关系数 $\rho=0$ 时，只说明两个变量间不存在线性相关关系，但不能保证不存在其他非线性相关关系。所以变量不相关与变量相互独立在概念上是不同的。而且相关系数的计算是一个数学过程，它只说明两个变量间的相关强度，但不能揭示这种相关性的原因，不能揭示变量间相关关系的实质，即变量间是否真正存在内在联系或者因果关系。所以在计算相关系数 ρ 的同时，还要强调对实际问题的分析与理解。而灰色关联分析可以深刻地剖析和刻画事物间相关的实质和内涵，因为任何两个事物在发展过程中的态势的一致性主要体现在总体位移差、总体一阶斜率差与总体二阶斜率差等方面，目前已有的几种关联度模型都是在充分地考虑了因素间的位移差或者斜率差等的基础上来建立的。

（1）设 X_0 为表征系统行为的量，其在序号 k 上的观测数据为 $x_0(k)$，$(k=1,2,\cdots,n)$，则称 $X_0(k)=[x_0(1),x_0(2),\cdots,x_0(n)]$ 为系统特征行为序列。

（2）设 X_i 为系统因素，其在序号 k 上的观测数据为 $x_i(k)$，$(k=1,2,\cdots,n)$，则称 $X_i(k)=[x_i(1),x_i(2),\cdots,x_i(n)]$，$(i=1,2,\cdots,m)$ 为系统的相关行为序列。

若 k 为时间序号，则 X_i 为行为时间序列，$x_i(k)$ 为因素 X_i 在 k 时刻的观测数据；若 k 为指标序列，则 $x_i(k)$ 为因素 X_i 关于 k 各指标的观测数据；若 k 为观测对象序号，则 X_i 为行为横向序列，$x_i(k)$ 为因素 X_i 关于第 k 个对象的观测数据。无论是时间序列数据、指标序列数据，还是横向序列数据，都可以用来作灰色关联分析。

（3）设系统特征行为序列 X_0 为增长序列，X_i 为相关因素行为序列，则有

①当 X_i 为增长序列时，X_i 与 X_0 为正相关关系；

②当 X_i 为衰减序列时，X_i 与 X_0 为负相关关系。

（4）设序列 $X=[x(1),x(2),\cdots,x(n)]$，则称

① $\alpha=x(k)-x(k-1)$，$(k=2,3,\cdots,n)$，为 X 在区间 $[k-1,k]$ 上的斜率；

② $\alpha=\dfrac{x(s)-x(k)}{s-k}$，$s>k$；$(k=1,2,\cdots,n-1)$，为 X 在区间 $[k,s]$ 上的斜率。

1. 数据变化及其性质

在进行关联分析之前，一般要对搜集来的原始数据进行数据变化和处理，因为所给的数据序列的取值单位一般来说是不同的，为保障建立模型的质量和系统分析的正确结果，使其数据具有可比性是必要的。

对单指标数据序列 $X=[x(1),x(2),\cdots,x(n)]$ 进行无量纲的数据变化，

方法通常有以下几种。

（1）初值化变换，即

$$XD_1 = [x(1)d_1, x(2)d_1, \cdots, x(n)d_1]$$

其中：$x(k)d_1 = x(k)/x(1), x(1) \neq 0, (k = 1,2,\cdots,n)$；

（2）均值化变换，即

$$XD_2 = [x(1)d_2, x(2)d_2, \cdots, x(n)d_2]$$

其中：$x(k)d_2 = x(k)/\bar{x}, \bar{x} \neq 0, (k = 1,2,\cdots,n)$；

（3）极小化变换，即

$$XD_3 = [x(1)d_3, x(2)d_3, \cdots, x(n)d_3]$$

其中：$x(k)d_3 = x(k)/M, M \neq 0, (k = 1,2,\cdots,n)$；

（4）极大化变换，即

$$XD_4 = [x(1)d_4, x(2)d_4, \cdots, x(n)d_4]$$

其中：$x(k)d_4 = x(k)/m, m \neq 0, (k = 1,2,\cdots,n)$；

（5）极差变换，即

$$XD_5 = [x(1)d_5, x(2)d_5, \cdots, x(n)d_5]$$

其中：$x(k)d_5 = [x(k) - m]/(M - m), M - m \neq 0, (k = 1,2,\cdots,n)$；

（6）归一化变换，即

$$XD_6 = [x(1)d_6, x(2)d_6, \cdots, x(n)d_6]$$

其中：$x(k)d_6 = x(k)/x_0$, x_0 为大于 0 的某个常数值，$(k = 1,2,\cdots,n)$；

（7）标准化变换，即

$$XD_7 = [x(1)d_7, x(2)d_7, \cdots, x(n)d_7]$$

其中：$x(k)d_7 = [x(k) - \bar{x}]/\sigma, \sigma \neq 0, (k = 1,2,\cdots,n)$。

其中：$\bar{x}$ 为因素序列 X 的各个取值的样本均值；σ 为其样本标准差；M 为因素序列 X 的最大值；m 为序列 X 的最小值。

上述除了标准化变换 d_7 外的各变化 d_j（$j = 1,2,\cdots,6$）都满足下面的性质。

对任意给定非负的单指标数据序列

$$X = [x(1), x(2), \cdots, x(n)]$$

该序列有下面的性质：

①保号性：当 $x(k)>0$ 时，$x(k)d_j \geqslant 0$

②保序性：对 $\forall x(k_1),x(k_2) \in X$，当 $x(k_1)>x(k_2)$ 时，$x(k_1)d_j > x(k_2)d_j$

③保差异性：$\forall x(k_1),x(k_2),x(k_3),x(k_4) \in X$，

$$\frac{x(k_1)-x(k_2)}{x(k_3)-x(k_4)}=\frac{x(k_1)d_j-x(k_2)d_j}{x(k_3)d_j-x(k_4)d_j}$$

2. 灰色关联分析的基本特征

（1）总体性。

灰色关联度虽是对数据序列几何形状的接近程度的度量，但它一般强调的是若干个数据序列对一个既定的数据序列接近的相对程度，即要排出关联度大小的顺序，这就是总体性。其将各因素统一置于系统之中进行比较与分析。

（2）非对称性。

在同一系统中，甲对乙的关联度，并不等于乙对甲的关联度，这较真实地反映了系统中因素之间真实的灰色关系。

（3）非唯一性。

关联度随着参考序列不同、因素序列不同、原始数据处理方法不同、数据多少不同而不同。

（4）动态性。

因素间的灰色关联度随着序列的长度不同而变化，表明系统在发展过程中，各因素之间的关联关系也随着时间不断变化。

3. 几种常用的灰色关联度模型研究

灰色关联度是用来描述系统因素间的关系紧密程度的量，是系统变化态势的一种度量。一般来讲，可量化系统的变化态势可以用序列的变化态势来表征，而各个序列的变化态势总是按一定的量级和趋势（指曲线形状）变化的。因此，系统序列间的关系的密切程度表现为两者间量级变化的相似性和发展趋势的相似性，这便是灰色关联分析两种既有区别而又互相制约的表现形式。而量级的大小的变化可以用位移差（点点间的距离）来衡量，发展趋势可用一阶或者二阶斜率差来度量，因此可以利用位移差和斜率差（速度、加速度）来刻画关联度。

目前，判断序列间灰色关联程度大小的计算模型主要以下几种：邓氏关联

度、灰色 B 型关联度、C 型关联度、T 型关联度、广义关联度、灰色斜率关联度、灰色欧几里德关联度等。

4. 常见的灰色关联度模型介绍

设系统特征行为序列为：

$$X_0(k) = [x_0(1), x_0(2), \cdots, x_0(n)]$$

系统的相关因素行为序列为

$$X_i(k) = [x_i(1), x_i(2), \cdots, x_i(n)], (i = 1, 2, \cdots, m)$$

下面介绍常见的一些计算 X_0 和 X_i 的关联度模型。

(1) 邓氏关联度。

先计算关联系数为：

$$\xi_{0_i} = \frac{\min\min|X_0(k) - X_i(k)| + \rho\max\max|X_0(k) - X_i(k)|}{|X_0(k) - X_i(k)| + \rho\max\max|X_0(k) - X_i(k)|}$$

则关联度为：

$$\gamma(X_0, X_i) = \frac{1}{n}\sum_{i=1}^{n}\zeta_{0i}$$

这是灰色系统理论最早提出的计算灰色关联度的模型，它的建立充分体现了灰色关联公理中的约束条件，其计算着重考虑了点与点之间的距离远近对关联度的影响。其中，ρ 称为分辨系数，一般情况下，取 $\rho = 0.5$，该种原则避免了系统因子观测序列的异常值支配整个系统关联度取值的情况，能够使关联度更好地体现系统的整体性。根据观测值动态变化选取分辨系数 ρ 的值，使其取值具有一定的客观基础，而且有一定的灵活性和智能性，具体取值规则如下。

记 Δ_v 为所有差值绝对值的均值，即

$$\Delta_v = \frac{1}{mn}\sum_{i=1}^{m}\sum_{k=1}^{n}|x_0(k) - x_i(k)|$$

记 $\varepsilon_\Delta = \frac{\Delta_v}{\Delta_{max}}$，则 ρ 的取值为：

当 $\Delta_{max} > 3\Delta_v$ 时，$\varepsilon_\Delta \leqslant \rho \leqslant 1.5\varepsilon_\Delta$；当 $\Delta_{max} < 3\Delta_v$ 时，$1.5\varepsilon_\Delta \leqslant \rho \leqslant 2\varepsilon_\Delta$。

该模型侧重于总体分析：①ρ 不仅可以调节 $\zeta_{0i}(k)$ 的大小，而且可以控制它的变化区间，$\zeta_{0i}(k)$ 的下界值随 ρ 增大而增大，下界值增大说明区间变小，

分辨率变低，分辨效果则不太明显。②根据因素间的关联分析可选择不同的分辨系数，在计算时，一般取 $\rho = 0.5$ 便可得到满意的分辨率。③当 $\rho \to +\infty$，则无法进行关联分析，此时所有的 $\zeta_{0i}(k) \to 1$，即关联系数蜕变为一个点。

（2）B 型关联度。

$$\gamma(X_0, X_i) = \frac{1}{1 + \frac{1}{n}d_{0i}^{(0)} + \frac{1}{n-1}d_{0i}^{(1)} + \frac{1}{n-2}d_{0i}^{(2)}}$$

其中：

$$d_{0i}^{(0)} = \sum_{k=1}^{n} d_{0i}^{(0)}(k) = \sum_{k=1}^{n} |x_0(k) - x_i(k)|$$

$$d_{0i}^{(1)} = \sum_{k=1}^{n-1} d_{0i}^{(1)}(k) = \sum_{k=1}^{n-1} |[x_0(k+1) - x_i(k+1)] - x_0(k) + x_i(k)|$$

$$d_{0i}^{(2)} = \sum_{k=2}^{n-1} d_{0i}^{(2)}(k) = \frac{1}{2}\sum_{k=2}^{n-1} |[x_0(k+1) - x_i(k+1)] - 2[x_0(k) - x_i(k)]| + [x_0(k-1) - x_i(k-1)]$$

$d_{0i}^{(0)}$、$d_{0i}^{(1)}$、$d_{0i}^{(2)}$ 分别称为离散函数 $x_0(k)$ 与 $x_i(k)$ 的位移差、一阶斜率差、二阶斜率差。

此模型是根据事物发展过程中的相近性与相似性，为全面描述事物之间发展过程的异同性及其关联程度而提出的，其综合考虑总体位移差、总体一阶斜率差与总体二阶斜率差，该模型也是侧重于总体分析。

（3）T 型关联度。

对于区间 $[a,b]$，$b > a \geqslant 0$，令 $\Delta t_k = t_k - t_{k-1}, (k = 2,3,\cdots,n)$，$[a,b] = \bigcup_{k=2}^{n} \Delta t_k$，$\Delta t_k \cap \Delta t_{k-1} = \varphi$，对于 $\forall k$，两原始时间序列在 $[a,b]$ 区间各点的取值分别为：

$$X_0 = [x_0(t_1), x_0(t_2), \cdots, x_0(t_n)]$$

$$X_i = [x_i(t_1), x_i(t_2), \cdots, x_i(t_n)]$$

其增序列为：

$$\Delta x_0(t_k) = x_0(t_k) - x_0(t_{k-1}), (k = 2,3,\cdots,n)$$

$$\Delta x_i(t_k) = x_i(t_k) - x_i(t_{k-1}), (k = 2,3,\cdots,n)$$

先计算各个时段的关联系数：

$$\xi(t_k)=\begin{cases}\operatorname{sgn}(\Delta x_0(t_k)\times\Delta x_i(t_k)\times\dfrac{\min(|\Delta x_0(t_k)|,|\Delta x_i(t_k)|)}{\max(|\Delta x_0(t_k)|,|\Delta x_i(t_k)|}, \Delta x_0(t_k)\times\Delta x_i(t_k)\neq 0\\ 0,\ \Delta x_0(t_k)\times\Delta x_i(t_k)=0\end{cases}$$

上式中：当 $\Delta x_1(t_k)\times\Delta x_2(t_k)>0$ 时，关联系数 $\xi(t_k)>0$；否则，当 $\Delta x_1(t_k)\times\Delta x_2(t_k)<0$ 时，关联系数 $\xi(t_k)<0$。

则关联度：

$$\gamma(X_0,X_i)=\frac{1}{b-a}\sum_{k=2}^{n}\Delta t_k\times\xi(t_k)$$

其基本思想为：按照因素的时间序列曲线的相对变化势态的接近程度来计算关联度。对于离散时间序列，所谓两曲线的相对变化势态的接近程度，是根据两时间序列在对应各时段 $\Delta t_k=t_k-t_{k-1},(k=2,3,\cdots,n)$ 的增量的大小来判定的，若在时段 Δt_k 间两增量相等或接近于相等，则这两时间序列在时段 Δt_k 间的关联系数就大；反之就小。两时间序列的关联度定义为：各时段 Δt_k 间的关联系数的加权平均数，权数为 Δt_k。

（4）广义关联度。

广义关联度包括灰色绝对关联度、灰色相对关联度、灰色综合关联度，下面分别介绍一下。

①灰色绝对关联度：

设

$$X_i=[x_i(1),x_i(2),\cdots,x_i(n)],(i=1,2,\cdots,m)$$

记折线

$$[x_i(1)-x_i(1),x_i(2)-x_i(1),\cdots,x_i(n)-x_i(1)]$$

为 X_i^0。

令

$$s_i=\int_1^n X_i^0\mathrm{d}t$$

$$|s_i-s_0|=\left|\int_1^n(X_i^0-X_0^0)\mathrm{d}t\right|,(i=0,1,2,\cdots,m)$$

则灰色绝对关联度为：

$$\varepsilon_{0i} = \frac{1 + |s_0| + |s_i|}{1 + |s_0| + |s_i| + |s_i - s_0|}$$

其主要是研究两个序列绝对增量间的关系，用两条序列折线间夹角的面积大小来衡量两序列的关联性大小，是目前应用较多的一种关联度。

②灰色相对关联度：设 $X_i = [x_i(1), x_i(2), \cdots, x_i(n)], (i = 0,1,2, \cdots m)$

为 X_i'，此时的 X_0' 与 $X_i'(i = 1,2, \cdots, m)$ 的灰色相对关联度为 X_0 与 X_i 的灰色相对关联度。其主要研究的是两序列增长速度之间的关系，一般记为 r_{0i}。

③灰色综合关联度：

$\rho_{0i} = \theta\varepsilon_{0i} + (1 - \theta) r_{0i}$

这种关联度既体现了折线间的相似程度，又体现了两者相对于初始点的变化速率的接近程度，是较为全面的表征序列之间联系是否紧密的一个数量指标。

（5）灰色斜率关联度。

关联系数为：

$$\xi(k) = \frac{1}{1 + \left| \frac{x_0(k+1) - x_0(k)}{x_0(k+1)} - \frac{x_i(k+1) - x_i(k)}{x_i(k+1)} \right|}$$

则关联度为：

$$\gamma(X_0, X_i) = \frac{1}{n-1} \sum_{k=1}^{n-1} \xi(k)$$

其基本思想是按照因素时间序列曲线的平均相对变化态势的接近程度来计算灰色关联度。

（6）C 型关联度。

$$\gamma(X_0, X_i) = D_{0i} = \frac{1}{k} \sum_{k=1}^{K} D_{0i}(t_k), (k = 1,2, \cdots, K)$$

其中：

$$D_{0i} = [d_{0i}^{(0)}(t_k) + d_{0i}^{(1)}(t_k) + d_{0i}^{(2)}(t_k)]/3$$

$$d_{0i}^{(0)} = x_0(t_k)/x_i(t_k)$$

$$d_{0i}^{(1)} = \frac{x_0(t_{k+1}) - x_0(t_k)}{x_i(t_{k+1}) - x_i(t_k)}$$

$$d_{0i}^{(2)} = \frac{x_0(t_{k+1},t_k) - x_0(t_k,t_{k-1})}{x_i(t_{k+1},t_k) - x_i(t_k,t_{k-1})} = \frac{x_0(t_{k+1}) - 2x_0(t_k) + x_0(t_{k-1})}{x_i(t_{k+1}) - 2x_i(t_k) + x_i(t_{k-1})}$$

C 型关联分析的提出充分考虑了动态分析，是在分析对象与参考事物之间关于位移、速度、加速度的同一性、差异性、对立性基础上建立的关联分析模型。

8.1.2　基于改进的灰色关联分析的社会物流成本内涵

物流成本是指物品在空间位移和存储过程中所耗费的全部劳动的货币表现，其中劳动包括物化劳动和活劳动。具体地说，物流成本是指物品在实体运动的各个环节中所耗费的人力、物力、财力的总和。广义的物流成本包括从原材料供应到商品抵达消费者手中这一系列活动中所耗费的全部物流费用。物流成本又分为宏观物流成本和微观物流成本。宏观物流成本又称社会物流成本，其主要指标是：社会物流成本在整个国民生产总值中所占的比重。微观物流成本又可称为企业物流成本，讨论的对象主要是流通活动的主体制造商和流通业者、运输企业等。

社会物流成本主要包括三个方面：运输费用、库存费用和管理费用。运输费用包括两个方面：一是企业自有的运输工具和设施在物流活动中支出的费用；二是企业雇用的第三方物流服务机构的运输费用。库存费用是指存货过程中所形成的折旧费、水电费、人工费和存货所占用资金的机会成本等一系列费用的总和。存货所占用资金的机会成本一般通过银行贷款利率、市场资本投资回报率来计算。管理费用包括用于物流管理、物流管理系统以及系统运营维护等方面支出的各项费用。管理费用的核算难度较大，可以参考历史经验确定一个固定的比值，乘以运输费用与库存费用二者之和，也可以乘以制造业和流通业的 GDP 贡献值来计算得出。美国运输报告从 1973 年开始，一直将物流管理成本看作库存和运输成本之和的 4%。韩国和日本的物流成本统计方式跟美国差不多。

社会物流成本的管理与评价要建立在其相关的统计数据的基础上，所以社会物流成本的核算就显得尤为重要。社会物流成本核算不是简单地将全部的微观物流成本加总，经验证明此方法是不正确的，发达国家都会建立一套单独的社会物流成本核算体系。美国早在 20 世纪 70 年代初就已经开始了关于社会物流成本核算的研究，早已形成了一套成熟的核算体系和物流标准。与发达国家相比，我国到目前为止还没有形成社会物流成本的统一核算标准，这也影响着我国社会物流成本占 GDP 比重这一比值的权威性和真实性。国内对社会物流成本核算的研究略显迟缓，2002 年，我国才正式成立了物流成本研究课题组，开始探索合理的核算体系，但多数还是参考美国的核算体系来进行。

随着人们对节约物流成本给企业乃至整个社会带来了巨大的经济效益的逐步认识，物流成本也受到了普遍的关注，比如物流成本占国内生产总值的比重、控制物流成本、物流成本的管理模式等。但是探讨物流成本问题之前，必须对物流成本概念进行界定，对于物流成本概念，至今没有达成共识。一般学者认为，物流成本包括宏观与微观两个层面，国内外很多学者在很多场合提到的物流成本主要是指宏观物流成本，即宏观物流成本是从社会再生产总体角度考察的物流活动所发生的耗费水平。在此基础上产生了社会物流成本计算的概念性公式：社会物流总成本 = 运输成本 + 存货持有成本 + 物流行政管理成本。基于这个概念性公式，可以认为社会物流成本由三部分构成：运输成本、存货持有成本和物流行政管理成本。

8.1.3 灰色斜率关联度的改进模型

在利用灰色斜率关联度进行研究一些经济问题时会发现，当计算一个参考序列和一组不同的比较序列的关联度时，其结果大多都分布在某一个固定数值周围。出现这种结果，主要是因为用这种方法计算的关联度相当于在进行关联度之前就对原始数据进行了标准化处理，因此导致关联度都集中在某个固定值左右，其分辨率就比较低。所以本书认为该模型应用起来具有一定的局限性，而且指标之间关联度的正负性也很难体现出来。因此，我们在斜率关联度模型的基础上作了进一步的改进。

序列 $X = [x(1), x(2), \cdots, x(n)]$

则称 $\alpha = x(k) - x(k-1), (k = 2, 3, \cdots, n)$ 为 x 在区间 $[k-1, k]$ 上的斜率。

下面，设有参考序列 X_0 和比较序列 X_i，且其长度相同：

$$X_0 = [x_0(1), x_0(2), \cdots, x_0(n)]$$

$$X_i = [x_i(1), x_i(2), \cdots, x_i(n)] \quad (i = 1, 2, \cdots, m)$$

其在区间 $[k-1,k],(k=1,2,\cdots,n-1)$ 上的斜率为：

$$\Delta x_0(k) = x_0(k+1) - x_0(k)$$

$$\Delta x_i(k) = x_i(k+1) - x_i(k)$$

所组成的序列分别为：

$$\Delta x_0 = [\Delta x_0(1),\Delta x_0(2),\cdots,\Delta x_0(n-1)] = [x_0(2)-x_0(1),x_0(3)-x_0(2),\cdots,x_0(n)-x_0(n-1)]$$

$$\Delta x_i = [\Delta x_i(1),\Delta x_i(2),\cdots,\Delta x_i(n-1)] = [x_i(2)-x_i(1),x_i(3)-x_i(2),\cdots,x_i(n)-x_i(n-1)]$$

用 $\dfrac{\Delta x_0}{\Delta x_i} = \left(\dfrac{\Delta x_0(1)}{\Delta x_i(2)},\dfrac{\Delta x_0(2)}{\Delta x_i(2)},\cdots,\dfrac{\Delta x_0(n-1)}{\Delta x_i(n-1)}\right)$

分别表示 X_0 和 X_i 的各个对应时段的斜率比值所组成的序列和其均值。

则改进的斜率关联度为：

$$\gamma(X_0,X_i) = \begin{cases} \dfrac{1+|\overline{\Delta x_0(k)}|}{1+|\overline{\Delta x_0(k)}|+|\overline{\Delta x_0(k)-\Delta x_i(k)}|}, \left(\overline{\dfrac{\Delta x_0(k)}{\Delta x_i(k)}} \geqslant 0\right) \\ -\dfrac{1+|\overline{\Delta x_0(k)}|}{1+|\overline{\Delta x_0(k)}|+|\overline{\Delta x_0(k)-\Delta x_i(k)}|}, \left(\overline{\dfrac{\Delta x_0(k)}{\Delta x_i(k)}} < 0\right) \end{cases}$$

其中：$|\overline{\Delta x_0(k)}| = \dfrac{1}{n-1}\sum\limits_{k=1}^{n-1}|\Delta x_0(k)|$

$$|\overline{\Delta x_0(k)-\Delta x_i(k)}| = \frac{1}{n-1}\sum_{k=1}^{n-1}|\Delta x_0(k)-\Delta x_i(k)|$$

$$\overline{\frac{\Delta x_0(k)}{\Delta x_i(k)}} = \frac{1}{n-1}\sum_{k=1}^{n-1}\frac{\Delta x_0(k)}{\Delta x_i(k)}$$

8.1.4　中国社会物流成本的实证研究

现代物流管理理念在我国已经有 20 多年的发展历史了。我国的社会物流成本与发达国家相比还有很大的差距，主要体现在成本总量、企业实际支付、各个成本项目占物流总成本或国内生产总值（GDP）的比重都远远高于发达国家。物流成本占 GDP 比重是国际上比较公认的衡量一个国家或地区物流业的发展水平与运作效率的标准。2012 年上半年，我国物流总成本为 5.8 万亿元人民币，社会物流总成本与 GDP 的比率为 18%，同比提高 0.1%。据了解，在西方发达国家，物流成本占 GDP 比重一般为 8% ~10%。我国物流成本远高于这一比重，物流成本依然比较高。从物流成本的构成项目来看，首先是运输成本所占的比例最大，其次是存货持有成本和物流行政管理成本，分别比发达国家高出 4%、6% 和 3% 左右。上述分析显示，我国现代物流发展水平和竞争能力有待进一步提高。基于上述背景，有必要对我国社会物流成本进行深入的分析，以期找到降低我国社会物流成本的对策和建议。

本部分从社会物流总成本、运输成本、存货持有成本和物流行政管理成本 4 个方面，运用改进的灰色关联分析模型，根据《中国第三产业统计年鉴 2010》的统计数据，分析社会物流总成本与 GDP 之间的关系，其中国内生产总值数据主要是根据历年的中国统计年鉴获得。

设 1996—2010 年国内生产总值各年数据组成的参考序列为 X_0，社会物流总成本、运输成本、存货持有成本和物流行政管理成本的各年数据组成的比较序列为 X_1、X_2、X_3 和 X_4，则

X_0 =（71177，78973，84402，89677，99215，109655，120333，135823，159878，184937，211924，249531，300670，340507，397983）

X_1 =（14993，16667，17021，17814，19230，20619，22741，25695，29114，33860，38414，45406，56741，60926，70984）

X_2 =（7633，8218，8668，9533，10070，10813，12000，14068，16044，18639，21018，24708，31436，33628，38321）

X_3 =（5109，5820，5625，5344，5975，6458，7281，8057，8981，10632，12331，14943，18560，19955，24044）

X_4 =（2250，2629，2728，2937，3185，3348，3460，3570，4089，4590，5066，5755，6745，7244，8619）

各序列进行均值化处理，得：

X_0' =（0.4052，0.4496，0.4805，0.5106，0.5649，0.6243，0.6851，0.7733，0.9102，1.0529，1.2065，1.4206，1.7118，1.9386，2.2658）

X_1' =（0.4588，0.5100，0.5208，0.5451，0.5884，0.6309，0.6958，0.7862，0.8908，1.0361，1.1754，1.3893，1.7362，1.8642，2.1720）

X_2' =（0.4324，0.4655，0.4910，0.5400，0.5704，0.6125，0.6798，0.7969，0.9088，1.0558，1.1906，1.3996，1.7808，1.9049，2.1708）

X_3' = （0.4816，0.5487，0.5303，0.5038，0.5633，0.6088，0.6864，0.7595，0.8467，1.0023，1.1625，1.4087，1.7497，1.8812，2.2667）

X_4' = （0.5097，0.5956，0.6180，0.6653，0.7215，0.7584，0.7838，0.8087，0.9263，1.0398，1.1476，1.3037，1.5280，1.6410，1.9525）

下面以计算 $\gamma(X_0, X_1)$ 的过程为例，其他相关系数的计算与此相同。

为了计算 $\gamma(X_0, X_1)$，首先计算下面的几个变量。

Δx_0 = （0.0444，0.0309，0.0300，0.0543，0.0594，0.0608，0.0882，0.1370，0.1427，0.1536，0.2141，0.2911，0.2268，0.3272）

Δx_1 = （0.0512，0.0108，0.0243，0.0433，0.0425，0.0649，0.0904，0.1046，0.1452，0.1393，0.2139，0.3468，0.1281，0.3078）

$|\overline{\Delta x_0(k)}| = 0.1329$　　　$|\overline{\Delta x_0(k) - \Delta x_1(k)}| = 0.1529$

因为 $\dfrac{\overline{\Delta x_0(k)}}{\Delta x_1(k)} > 0$，所以 $\gamma(X_0, X_1) = \dfrac{1 + |\overline{\Delta x_0(k)}|}{1 + |\overline{\Delta x_0(k)}| + |\overline{\Delta x_0(k) - \Delta x_1(k)}|} =$ 0.8811。

同理可得 $\gamma(X_0, X_2) = 0.8924$，$\gamma(X_0, X_3) = 0.8953$，$\gamma(X_0, X_4) = 0.7744$。

8.1.5　结论

通过对我国社会物流总成本、运输成本、存货持有成本和物流行政管理成本与国内生产总值数据进行灰色关联分析，物流总成本与 GDP 之间的关联度为 0.8811，运输成本与 GDP 之间的关联度为 0.8924，存货持有成本与 GDP 之间的关联度为 0.8953，物流行政管理成本和 GDP 之间的关联度为 0.7744。以上分析表明，我国社会物流总成本与 GDP 的关联度较高，物流运行成本高、效率低、潜力大。如果将社会物流总成本与比率每降低 1 个百分点，就可以带来 4000 多亿元人民币的经济效益。物流运行效率和效益的提高可以减少对 GDP 高增长的依赖，并减轻资源和环境压力。这四个因素中，前三个因素与 GDP 之间的关联性将近 90%，有非常大的关联度。即 GDP 的增加会引起运输成本、存货持有成本以几乎相同速度的增加。同时，基于我国物流人力成本较低和物流信息化的运用，决定了社会物流总成本中的物流行政管理成本并不会随 GDP 的高速增长同比例增长，而是会自然下降，因此降低我国社会物流成本的重点应该放在运输成本、存货持有成本这个突破口上。

上述研究表明，社会物流总成本不是单纯的物流行业的一个指标。由于物流需求本身的派生性的特点，有很多社会因素都对社会物流总成本占 GDP 比重有影响，如本书中提到的经济发展水平、产业结构、基础设施和工业内部结构，除此之外一定还有其他没有考虑到的影响因素。所以在对一个国家和地区的物流发展水平进行对比和评价时，不能单纯地通过对比社会物流总成本占 GDP 的比重来得出结论，而是要考虑到其他诸多影响因素。社会处于不同的经济发展阶段，必定有其特定的产业结构、基础设施水平与之相适应。物流发展水平也一样，不能拿社会背景相差太多的两个国家和地区在一个平台上来对比。世界各国物流发展的经验表明，虽然市场和企业是物流发展的主要力量，但是政府的扶持和导向作用对现代物流业的发展也是不可替代的。

从上述的研究结果可以看出，政府在制定降低社会物流总成本规划时，不但要考虑物流行业本身的运营效率问题，还要从调整产业结构、工业内部结构、重工业转型和物流基础设施建设等几个方面来进行总体规划。一方面，通过促进高新产业、信息业、金融服务业等第三产业发展可以降低社会物流总成本；另一方面，通过发展物流业，提高社会物流发展水平也可以促进第三产业的发展，两者相互促进。只有考虑多个影响因素，多管齐下，社会物流总成本才会更好更快地朝着我们预想的方向发展。

8.2 我国现代物流成本与 GDP 关系的评价研究

近年来，我国物流也得到了飞快发展，已经成为第三产业中的新兴力量。基于此背景，很多专家学者开始关注社会物流总成本与国民经济整体发展的关系。如何在经济发展的同时有效降低物流成本，是一个新颖的课题。Donald 等对美国的物流年度开支进行了研究，并得出结论：美国的物流总成本占国民生产总值的 10% 左右；陈淑娴在对物流成本占 GDP 比重中的产业结构因素研究中指出：物流成本占 GDP 比重还受产业结构的影响，即使这两国物流成本管理水平属同一水平，物流成本占 GDP 的比重也会有较大的差别；漆世雄等在《基于灰色关联分析的中美 GDP 与社会物流成本比较研究》一文中应用灰色关联分析方法分析了 1996—2010 年中美两国物流总成本变化趋势，GDP 与社会物流成本构成成分之间的关联程度、差异性及其成因，并提出了降低我国社会物流成本的对策建议。综上所述，中外学者从不同方面对物流总成本与 GDP 的关系进行了研究分析，但较细致地研究一国物流总成本与该国 GDP 数量关系的却不多。因此，本书在以上文献研究的基础上，试图将我国社会物流总成本和 GDP 之间关系用时间序列模型进行模拟，并对其进行协整检验，建立自回归模型。在此基础上进行脉冲响应分析和方差分解分析，期望以较小的误差更加贴近实际，并对将来的社会物流成本进行预测，从而对未来的物流发展方向进行指导，解决我国物流行业发展中存在的特殊问题。

8.2.1　计量理论与模型

一些时间序列特别是金融时间序列，常常会出现某一特征的值成群出现的情况。如对股票收益率序列建模，其随机扰动项往往在较大幅度波动后面伴随着较大幅度的波动，在较小幅度波动之后紧接着较小幅度的波动，这种性质称为波动的集群性。在一般回归分析和时间序列分析中，要求随机扰动项是同方差，但这类序列随机扰动项的无条件方差是常量，条件方差是变化的量。这种情况下，需要条件异方差模型。

1. 自回归条件异方差模型（ARCH 模型）

Engle 于 1982 年在通常的回归模型基础上提出的自回归条件异方差（ARCH）模型是最基础的。对于通常的回归模型

$$y_i = x_i'\beta + \varepsilon_t \tag{8-1}$$

如果随机扰动项的平方 ε_t^2 服从 AR（q）过程，即

$$\varepsilon_t^2 = \alpha_0 + \alpha_1\varepsilon_{t-1}^2 + \cdots + \alpha_q\varepsilon_{t-q}^2 + \eta_t,(t = 1,2,\cdots) \tag{8-2}$$

其中 η_t 独立同分布，并满足 $E(\eta_t) = 0, D(\eta_t) = \lambda^2$，则式（8-2）是自回归条件异方差模型，简记为 ARCH 模型。则序列 ε_t 服从 q 阶的 ARCH 过程，记作 $\varepsilon_t \sim \text{ARCH}(q)$。

ARCH 模型通常用于对主体模型的随机扰动项进行建模，以更充分地提取残差中的信息，使最终的模型残差项 η_t 成为白噪声。所以，对于 AR（p）模型

$$y_t = \varphi_1 y_{t-1} + \cdots + \varphi_p y_{t-p} + \varepsilon_t \tag{8-3}$$

如果 $\varepsilon_t \sim \text{ARCH}(q)$，则序列 y_t 可以用 AR（p）-ARCH（q）模型描述。

其他情况类推。

ARCH（q）模型又可表示为：

$$\varepsilon_t = \sqrt{h_t} \times v_t \tag{8-4}$$

$$h_t = \alpha_0 + \alpha_1 \varepsilon_{t-1}^2 + \cdots + \alpha_q \varepsilon_{t-q}^2 = \alpha_0 + \sum_{i=1}^{q} \alpha_i \varepsilon_{t-i}^2 \tag{8-5}$$

其中，v_t 独立同分布，且 $E(v_t)=0$，$D(v_t)=1$，$\alpha_0>0$，$\alpha_i \geqslant 0$，$(i=1,2,\cdots,q)$，且有的时候式（2-5）等号右边还可以包括外生变量（先决变量），但需要注意保证 h_t 值是非负的。

对于任意时刻 t，ε_t 的条件期望

$E(\varepsilon_t | \varepsilon_{t-1},\cdots) = \sqrt{h_t} \times E(v_t) = 0$

条件方差

$E(\varepsilon_t^2 | \varepsilon_{t-1}^2,\cdots) = h_t \times E(v_t^2)$

反映了序列条件方差随时间变化的性质。

序列是否存在 ARCH 效应，最常用的检验方法是拉格朗日乘数法，即 LM 检验。若模型随机扰动项 $\varepsilon_t \sim$ ARCH（q），则可以建立辅助回归方程

$$h_t = \alpha_0 + \alpha_1 \varepsilon_{t-1}^2 + \cdots + \alpha_q \varepsilon_{t-q}^2 \tag{8-6}$$

检验序列是否存在 ARCH 效应，即检验式（8-6）回归系数是否同时为0。若所有回归系数同时为0的概率较大，则序列不存在 ARCH 效应；若所有回归系数同时为 0 的概率很小，或至少有一个系数显著不为 0，序列存在 ARCH 效应。检验的原假设和备择假设为：

$H_0: \alpha_1 = \alpha_2 = \cdots = \alpha_q = 0$

$H_1: \exists \alpha_i \neq 0, (1 \leqslant i \leqslant q)$

检验统计量

$$LM = nR^2 \sim \chi^2(q) \tag{8-7}$$

其中，n 是计算辅助回归式（8-6）时的样本数据个数；R^2 是辅助回归式（8-6）的决定系数（采用最小二乘估计）。

给定显著性水平 α 和自由度 q，如果 $LM > \chi_\alpha^2$（q），则拒绝 H_0，认为存在 ARCH 效应。如果 $LM \leqslant \chi_\alpha^2$（$q$），则不能拒绝 H_0，说明序列不存在 ARCH 过程。

2. 广义自回归条件异方差模型（GARCH 模型）

当用 ARCH 模型描述某些时间序列，阶数 q 需取一个很大的值时，可以采用由 Bollerslev（1986）提出的广义自回归条件异方差模型即 GARCH 模型。GARCH 模型通常也用于对回归或自回归模型的随机扰动项进行建模。若式(8－5)为下面形式

$$h_t = \alpha_0 + \alpha_1\varepsilon_{t-1}^2 + \cdots + \alpha_q\varepsilon_{t-q}^2 + \theta_1 h_{t-1} + \cdots + \theta_p h_{t-p} = \alpha_0 + \sum_{i=1}^{q}\alpha_i\varepsilon_{t-i}^2 + \sum_{j=1}^{p}\theta_j h_{t-j} \quad (8-8)$$

则程序服从 GARCH (p,q) 过程。

引入滞后算子 B，式（8－8）可改写为：

$h_i = \alpha_0 + \alpha(B)\varepsilon_i^2 + \theta(B)h_i$

其中，$p \geqslant 0$，$q > 0$；$\alpha_0 > 0$，$\alpha_i \geqslant 0,(i = 1,2,\cdots,q)$；$\theta_j \geqslant 0,(j = 1,2,\cdots,p)$。为保证 GARCH (p,q) 是平稳的，存在参数的约束条件 $\alpha(B) + \theta(B) < 1$。

3. 赤池信息准则（AIC）和施瓦茨准则（SC）

为了比较所含解释变量个数不同的多元回归模型的拟合优度，赤池信息准则（AIC）和施瓦茨准则（SC）是常用的标准。其定义分别为：

$$\text{AIC} = \ln\frac{e'e}{n} + \frac{2(k+1)}{n}$$

$$\text{SC} = \ln\frac{e'e}{n} + \frac{k}{n}\ln n$$

这两个准则均要求仅当所增加的解释变量能够减少 AIC 值或 SC 值时才在原模型中增加该解释变量。与调整的可决系数相仿，如果增加的解释变量没有解释能力，则对残差平方和 $e'e$ 的减少没有多大帮助，却增加待估参数的个数，这时可能导致 AIC 或 SC 的值增加。

8.2.2　关于拟合优度检验与方程总体显著性检验关系的讨论

拟合优度检验和方程总体显著性检验是从不同原理出发的两类检验。前者是从已经得到估计的模型出发，检验它对样本观测值的拟合程度，后者是从样本观测值出发检验模型总体线性关系的显著性。两个统计量之间存在下列关系：

$$\bar{R}^2 = 1 - \frac{n-1}{n-k-1+kF}$$

或者 $F = \dfrac{\bar{R}^2/k}{(1-\bar{R}^2)/(n-k-1)}$

可知 F 与 $\bar{R}^2$ 同向变化：当 $\bar{R}^2=0$ 时，$F=0$；$\bar{R}^2$ 越大，F 值也越大；当 $\bar{R}^2=1$ 时，F 为无穷大。因此 F 检验是所估计回归的总显著性的一个度量，也是 $\bar{R}^2$ 的一个显著性检验。

在应用中，$\bar{R}^2$ 达到多大才算模型通过了检验没有绝对的标准，要看具体情况而定。

8.2.3 向量自回归模型

1. 单位根过程

如果一个时间序列的均值或自协方差函数随时间而改变，那么这个序列就是非平稳时间序列。随机过程 $\{y_t, t=1,2,\cdots\}$，若

$$y_t = \rho y_{t-1} + \varepsilon_t \tag{8-9}$$

其中，$\rho=1$，ε_t 为一稳定过程，且 $E(\varepsilon_t)=0$，$\mathrm{Cov}(\varepsilon_t,\varepsilon_{t-1})=\mu_t<\infty$，则该过程为单位根过程。

若单位根过程经过一阶差分成为平稳过程，即

$$y_t - y_{t-1} = (1-B)y_t = \varepsilon_t \tag{8-10}$$

则称 y_t 为一阶单整序列，记为 I（1）。一般地，如果非平稳时间序列经过 d 次差分达到平稳，则称其为 d 阶单整序列，记为 $I(d)$。

2. 单位根检验

检验变量是否稳定的过程称为单位根检验，用于单位根检验的方法主要有 DF 检验法（Dikey Fullertest）和 ADF 检验法（Augment Dikey Fullertest）。ADF 检验法包括三种模型。

模型 1（无常数项，无趋势项）：

$$\Delta y_t = \delta y_{t-1} + \sum_{i=1}^{m} \beta_i \Delta y_{t-1} + \varepsilon_t \tag{8-11}$$

模型 2（有常数项，无趋势项）：

$$\Delta y_t = \alpha + \delta y_{t-1} + \sum_{i=1}^{m} \beta_i \Delta y_{t-1} + \varepsilon_t \tag{8-12}$$

模型 3（有常数项，有趋势项）：

$$\Delta y_t = \alpha + \beta t + \delta y_{t-1} + \sum_{i=1}^{m} \beta_i \Delta y_{t-1} + \varepsilon_t \qquad (8-13)$$

式（8－13）中的 t 是时间变量，代表了时间序列随时间变化的某种趋势（如果有的话）。虚拟假设都是 $H_0:\delta = 0$，即存在单位根。模型 1 与另外两个模型的差别在于是否包含常数项和趋势项。实际检验时从模型 3 开始，然后模型 2、模型 1。何时检验拒绝零假设，即原序列不存在单位根，为平稳序列，何时停止检验。否则，就要继续检验，直到检验完模型 1 为止。

上述模型中若 $m = 0$，即为 DF 检验。

8.2.4　虚假回归与趋势平稳

一些非平稳的经济时间序列往往表现出共同的变化趋势，而这些序列间本身不一定有直接的关联关系，这时对这些数据进行回归，尽管有较高的矛盾，但其结果是没有任何实际意义的。这种现象称为虚假回归。

为了避免这种虚假回归的产生，通常的做法是引入作为趋势变量的时间，这样包含时间趋势变量的回归，可以消除这种趋势性的影响。值得注意的是，这种做法只有当趋势性变量是确定性的而非随机性的，才会是有效的。

判断一个非平稳的时间序列，它的趋势是随机性的还是确定性的，可通过 ADF 检验中所用的第 3 个模型进行。该模型中已引入了表示确定性趋势的时间变量 t，即分离出了确定性趋势的影响。因此，如果检验结果表明所给时间序列有单位根，且时间变量前的参数显著为零，则该序列显示出随机性趋势；如果没有单位根，且时间变量前的参数显著地异于零，则该序列显示出确定性趋势。

随机性趋势可通过差分的方法消除。如

$X_t = \alpha + X_{t-1} + \mu_t$

其中，μ_t 是一白噪声，则通过差分变换为：

$\Delta X_t = \alpha + \mu_t$

则该时间序列 X_t 称为差分平稳过程。

确定性趋势无法通过差分的方法消除，只能通过除去趋势项消除。如

$X_t = \alpha + \beta t + \mu_t$

其中，μ_t 是一白噪声，t 为一时间趋势，则通过除去 βt 变换为

$X_t - \beta t = \alpha + \mu_t$

其中，μ_t 是平稳的，则 X_t 称为趋势平稳过程。

趋势平稳过程代表了一个时间序列长期稳定的变化过程，因而用于进行长期预测是更为可靠的。

8.2.5 格兰杰（Granger）因果关系检验

在时间序列情形下，两个经济变量 X、Y 之间的格兰杰因果关系定义为：在变量 X 和 Y 消除了趋势之后，如果利用过去的 X 值和过去的 Y 值一起对本期或未来 Y 值进行预测，比单用 Y 过去值预测的效果更好，则表明 X、Y 存在因果关系，称 X 是 Y 的格兰杰原因。

进行格兰杰因果关系检验的一个前提条件是时间序列必须具有平稳性，否则可能会出现虚假回归问题。因此在进行格兰杰因果关系检验之前首先应对各指标时间序列的平稳性进行单位根检验。

格兰杰因果关系检验假设了有关 Y 和 X 每个内生变量的预测的信息全部包含在这些变量的时间序列之中。对于模型：

$$Y_t = \sum_{i=1}^{q} \alpha_i X_{t-i} + \sum_{j=1}^{q} \beta_j Y_{t-j} + \varepsilon_t \tag{8-14}$$

零假设为 $H_0: \alpha_1 = \alpha_2 = \cdots = \alpha_q = 0$，意味着"$X$ 不是 Y 的格兰杰原因"。显然，如果 X 的滞后变量的回归参数的估计值全部不存在显著性，则接受上述原假设，即 X 不是 Y 的格兰杰原因，此时有下式成立：

$$Y_t = \sum_{j=1}^{q} \beta_j Y_{t-j} + \varepsilon_t \tag{8-15}$$

相反，如果 X 的任何一个滞后变量的回归参数的估计值存在显著性，则拒绝原假设，意味着 X 变量的过去值对 Y 现值的变化具有解释能力，因此可以说 X 是 Y 的格兰杰原因。

这里，F 统计量的构成为：

$$F = \frac{(\mathrm{RSS}_R - \mathrm{RSS}_{UR})/q}{\mathrm{RSS}_{UR}/(n-k)} \tag{8-16}$$

其中，n 是样本容量；q 等于滞后项 x 的个数，即有约束回归方程中待估参数的个数；k 是无约束回归中待估参数的个数；RSS_R 表示施加约束（零假设成立）后的残差平方和，即式（8－15）的残差平方和；RSS_{UR}表示不施加约束条件下的残差平方和，即式（8－14）的残差平方和。在零假设成立条件下，F 统计量服从 $F(q,n-k)$ 分布。如果 F 统计量大于临界值，我们就拒绝原假设，得到 X 是 Y 的格兰杰原因；反之，接受原假设。

类似地，若对于模型：

$$X_t = \sum_{i=1}^{s} \lambda_i X_{t-i} + \sum_{j=1}^{s} \delta_j Y_{t-j} + \varepsilon_t \tag{8-17}$$

零假设 $H_0:\delta_1 = \delta_2 = \cdots = \delta_s = 0$ 成立时，表示 Y 不是 X 的格兰杰原因。若 F 检验拒绝了零假设，则意味着 Y 变量的过去值对 X 现值的变化具有解释能力，因此可以说 Y 是 X 的格兰杰原因。

需要注意的是，格兰杰因果关系检验的结果对式（8－14）中滞后项数 q 或式（8－17）中的 s 是非常敏感的，q（或 s）的值不同，得到的结果也可能不同。为保证结果的正确性，一般来说，最好多试验几个不同的 q（或 s）值，以保证结果不受 q（或 s）选择的影响。

8.2.6　向量自回归模型（VAR 模型）

VAR 模型是用模型中所有当期变量对所有变量的若干滞后期变量进行回归。它不以严格的经济理论为依据，能反映出变量间相互影响的绝大部分。该模型的最大特点便是把系统中每个内生变量作为所有内生变量的滞后值的函数来构建模型。它的最一般表达式为：

$$Y_t = A_t Y_{t-1} + \cdots + A_p Y_{t-p} + B_t X_t + \cdots + B_r X_{t-r} + \xi_t \tag{8-18}$$

其中，Y_t 是 m 维内生变量向量，X_t 是 d 维外生变量向量，$A_t,\cdots,A_p$ 和 $B_t,\cdots,B_r$ 是待估系数矩阵，内生变量和外生变量分别有 p 和 r 期滞后期。ξ_t 是随机扰动项，与其同时刻的元素可以彼此相关，但不能与其自身滞后值和变量相关。建立 VAR 模型重要的是确定滞后期的问题。在实践中，通常希望滞后期 p 和 r 足够大，从而完整反映所构造模型的动态特征，但是滞后期越长，模型中的待估参数就越多，自由度就越少，所以通常需要遵循 AIC 和 SC 信息量取值最小的原则在滞后期和自由度之间平衡。

8.2.7 脉冲响应函数

它用于衡量来自扰动项的一个标准差冲击对内生变量当前或未来取值的影响。一般形式如下：

$$\begin{aligned} x_t &= \alpha_{11}p_{t-1} + \alpha_{12}m_{t-1} + \xi_{1,t} \\ m_t &= \alpha_{21}p_{t-1} + \alpha_{22}m_{t-1} + \xi_{2,t} \end{aligned} \tag{8-19}$$

如果扰动项 $\xi_{1,t}$ 发生变化，不仅当前的 x 值立即改变，而且还会通过当前的 x 值影响到 x 和 m 今后的取值。脉冲响应函数刻画了这些影响的轨迹，显示了任意一个变量的扰动如何通过模型影响其他变量，最终又反馈到自身的完整过程。

8.2.8 方差分解

考察 VAR 模型时，还可以采用方差分解方法研究模型的动态特征。这种方法是将系统的预测均方误差分解成系统中各变量冲击所作的贡献，以此考察 VAR 系统中任意一个变量冲击的相对重要性。比较这个相对重要性信息随时间的变化，就可以估计出各变量效应的相对大小，即变量冲击的贡献占总贡献的比例。

8.2.9 Johansen 协整检验

1. 协整的概念

协整揭示了变量之间的一种长期稳定的均衡关系，很多金融、经济时间序列数据都是不平稳的，但它们可能受某些共同因素的影响，从而在时间上表现出共同的趋势，即变量之间存在一种稳定的关系，它们的变化受到这种关系的制约，因此它们的某种线性组合可能是平稳的，即存在协整关系。

一般地，如果序列 $X_{1t},X_{2t},\cdots,X_{kt}$ 都是 d 阶单整的，存在一个向量 $\alpha=(\alpha_1,\alpha_2,\cdots,\alpha_k)$，使得 $Z_t=\alpha X_t' \sim I(d-b)$，其中 $b>0$，$X_t=(X_{1t},X_{2t},\cdots,X_{kt})'$，则认为序列 $X_{1t},X_{2t},\cdots,X_{kt}$ 是 (d,b) 阶协整，记为 $X_t \sim CI(d,b)$，α 为协整向量。

由此可见，如果两个变量都是单整变量，只有当它们的单整阶相同时，才可能协整；如果它们的单整阶不相同，就不可能协整。

2. Johansen 协整检验

Johansen 在 1988 年及在 1990 年与 Juselius 一起提出一种以 VAR 模型为基础的检验回归系数方法，是一种进行多变量协整检验的较好的方法。

对 P 阶 VAR 模型

$$y_t = A_1 y_{t-1} + \cdots + A_p y_{t-p} + Bx_t + \varepsilon_t$$

其中，y_t 是 m 维非平稳 $I\ (l)$ 序列；x_t 是 d 维确定性变量；ε_t 是新信息变量。经过一阶差分，可将其变形为

$$\Delta y_t = \boldsymbol{\Pi} y_{t-1} + \sum_{i=1}^{p} \boldsymbol{\Gamma}_i y_{t-i} + \beta x_t + \mu_t$$

其中，$\boldsymbol{\Pi} = \sum_{i=1}^{p} A_{i-1}, \boldsymbol{\Gamma}_i = -\sum_{j=i+1}^{p} A_j$，$\boldsymbol{\Pi}$ 称为压缩矩阵或影响矩阵。

8.2.10　数据说明

一般学者认为，物流成本包括宏观与微观两个层面，国内外很多学者在很多场合提到的物流成本主要是指宏观物流成本，即宏观物流成本是从社会再生产总体的角度考察的物流活动所发生的耗费水平。在此基础上产生了社会物流成本计算的概念性公式为：社会物流总成本 = 运输成本 + 存货持有成本 + 物流行政管理成本，基于这个概念性公式，可以认为，社会物流总成本由三部分构成：运输成本、存货持有成本和物流行政管理成本。本书也是从这几个方面，基于 VAR 模型的脉冲响应函数和方差分解，对 1991—2012 年国内生产总值与物流成本之间的相关性进行分析（我国在 1991 年之前没有社会物流总成本的统计数据），数据来源于历年中国统计年鉴（由于篇幅问题，原始数据省略）。

1. 数据的平稳性检验

为了消除异方差的影响，对 LLC 和 GDP 的序列数据分别进行取对数处理，用 LGDP 代表对我国 GDP 取对数后的值，用 LLC 表示对我国社会物流总成本取对数后的值。对时间序列数据进行平稳性检验有 DF 检验和 ADF 检验，利用 DF 检验时，前提是随机扰动项不存在自相关，但是大多数的经济数据序列不能满足此项假设，当随机扰动项本身存在相关性时，DF 检验结果可能不准确。为了保证平稳性检验的准确性，本书利用扩展的 DF 检验即 ADF 检验来分析变量的平稳性，最优的滞后期利用 AIC 和 SC 最小准则进行判定，以保证残差不存在自相关，检验结果如表 8 - 1 所示。

表 8－1 单位根检验结果

变　量	检验形式（c，t，k）	ADF 值	1%临界值	5%临界值	10%临界值	结　论
LLC	（c，t，2）	－2.3453	－4.5000	－3.6591	－3.2677	非平稳
D（LLC）	（c，0，0）	－3.6253	－3.8304	－3.0294	－2.6552	平　稳
LGDP	（c，t，2）	－2.7858	－4.5000	－3.6591	－3.2677	非平稳
D（LGDP）	（c，0，0）	－3.7072	－3.8304	－3.0294	－2.6552	平　稳

注：检验类型中的 c 和 t 表示带有截距项和趋势项，k 表示综合考虑 AIC 和 SC 选择的滞后期，加入滞后期是为了使残差变为白噪声，D 表示一阶差分，表中的临界值根据 MacKinnon（1996）给出的数据计算。

表 8－1 的结果表明：对于 LLC，在 0.01、0.05 和 0.1 的显著性水平下，单位根检验的 Mackinnon 分别为－4.5000、－3.6591 和－3.2677，t 检验统计量值－2.3453 大于临界值，从而不能拒绝原假设，表明 LLC 序列存在单位根，是非平稳序列。同理可以判断 LGDP 也是非平稳序列，但是经过一阶差分后都变成了平稳序列，即 D（LLC）～I（1）、D（LGDP）～I（1），即经过一阶差分后均变成了平稳序列，可以进一步检验变量之间的协整关系，检验结果如下式所示：

LLC ＝ －0.494348 ＋0.901943LGDP

t 值　（－4.582139）　（98.20293）

R^2 ＝0.997930，调整后的 R^2 ＝0.997827，F＝9643.815，Prob＝0.000000。

为了检验回归残差的平稳性，对上式的残差进行单位根检验，由于残差序列的均值为 0，所以选择无截距项、无趋势项的 ADF 检验，模型估计结果如表 8－2 所示。

表 8－2 残差平稳性检验结果

ADF 值	－2.922714	1%　临界值 *	－2.6889
		5%　临界值	－1.9592
		10%　临界值	－1.6246

* 拒绝的麦金农单位根检验。

表 8－2 表明在 0.05 的显著性水平下，t 统计量值为－2.922714，在 0.05

显著性水平下，小于相应临界值 -1.9592，从而拒绝 H_0，表明残差序列不存在单位根，是平稳序列，说明 LLC、LGDP 之间存在着协整关系，也就是说我国社会物流总成本与 GDP 之间存在着长期的均衡关系。回归方程中变量的系数为长期弹性，其中我国社会物流总成本与 GDP 之间存在正相关，系数 0.901943 表明当其他条件不变的情况下，我国 GDP 每增加 1%，社会物流总成本增加 0.901943%。

2. VAR 模型估计结果及分析

对于 VAR 模型最主要的问题是确定合理的滞后阶数，在选择滞后阶数时，一方面希望滞后阶数足够大，以便能够更好地反映变量之间的动态关系，但是如果滞后阶数足够大，则模型的自由度就小，比较常见的解决办法是结合 AIC 和 SC 的值同时较小时，则选择的 ADF 为恰当的模型，通过建立 VRA（1）模型对其进行平稳性检验，如果被估计的 VAR 模型中所有特征根小于 1，即位于单位圆内，表明是平稳的。模型检验结果表明各个特征方程的特征根都位于单位圆内，模型比较稳定，进而可以计算出 VAR（1）模型参数值及检验结果，如下所示：

$$\begin{pmatrix} D(\mathrm{LLC}) \\ D(\mathrm{LGDP}) \end{pmatrix} = \begin{pmatrix} 0.062058 & 0.677854 \\ -0.147739 & 0.854303 \end{pmatrix} \times \begin{pmatrix} D(\mathrm{LLC})(-1) \\ D(\mathrm{LGDP})(-1) \end{pmatrix} + \begin{pmatrix} 0.023611 \\ 0.037199 \end{pmatrix}$$

此矩阵形式表示社会物流总成本与 GDP 的 VAR 向量模式，基于 VAR 模型的广义脉冲响应函数和方差分解，可以对变量冲击的响应进行测算。

3. 脉冲响应函数分析

上述研究结果表明我国社会物流总成本和 GDP 之间存在着协整关系，即长期均衡关系，但是并没有反映出各变量的单位变化对整个系统的影响，以及各变量对这些扰动的综合反映，因此本书进一步建立脉冲响应函数，进而判断各变量之间的长期均衡关系。即计算一个标准差大小的 LLC 和 LGDP 的冲击分别对 LLC 和 LGDP 的影响，其相应的脉冲响应情况见图 8-1。

结合图 8-1 可知，图中实线表示 1 单位脉冲冲击的脉冲响应函数时间路径，两边的虚线表示两个标准差的置信区间。从图 8-1 可以看出，脉冲响应表中追踪期数越多越趋近于 0，说明本系统还是比较稳定的。“Response of *D*（LLC）to *D*(LLC)”表示社会物流总成本对自身的响应函数的实践路径，其脉冲影响第 1 期大约为 0.04，以后逐期减弱，并在第 10 期趋近于 0，说明社会物流总成本对其自身的冲击所引起的响应是逐渐减弱的，直至消失。同理，通过“Response of D(LGDP) to D(LLC)”可以分析出，当在本期给 GDP 施加一个标准差信息后，在当期引起社会物流总成本的反应大约为 0.04，从第 2 期开始出现明显减弱的趋势，直至第 10 期影响几乎为 0。

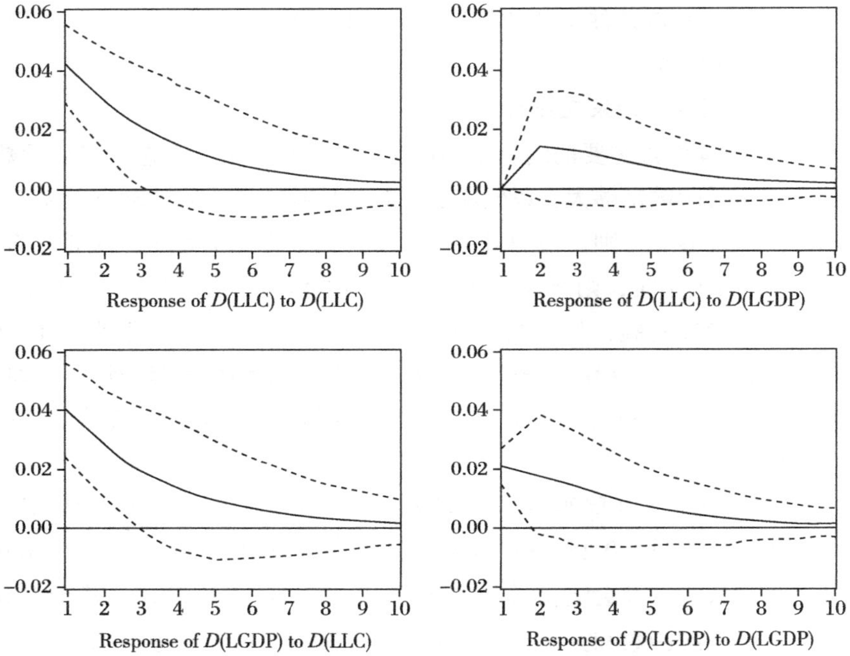

图 8-1　D(LLC) 和 D(LGDP) 关系的脉冲响应图

“Response of D(LLC) to D(LGDP)”为社会物流总成本对 GDP 实施冲击，GDP 的响应函数时间路径，在第 1 期时脉冲影响几乎为 0，以后的响应路径一直为正，且呈现先上升后下降的趋势，直至第 10 期为 0，这说明社会物流总成本的增长会引发后面的各时期 GDP 的增长，且增长的弹性呈现先上升后下降的规律。“Response of D(LGDP) to D(LGDP)”为 GDP 对其自身的响应函数时间路径，在当期给 GDP 一个冲击时，其在当期引起 GDP 的响应大约为 0.02，以后逐期减弱，直至第 9 期几乎为 0，即 GDP 对自身的冲击也呈现逐渐减弱的趋势。

从脉冲响应中可以总结上文的第一个结论：GDP 对社会物流总成本的响

应大于社会物流总成本对 GDP 的响应，且随着时间滞后期数的递增，冲击效应逐步减弱，最终趋向于 0。

4. *方差分解分析*

虽然脉冲响应函数能够解释各变量对特定的冲击响应的符号及响应的幅度，但是不能比较不同冲击对一个特定变量的响应强度，为了进一步考察两个变量之间的相互波动性，利用方差分解技术对两个变量的预测均方误差进行分解，计算出每个变量冲击的相对重要性。方差分解（Variance Decomposition）是分析每一个结构冲击对内生变量变化（用方差表示）的贡献度，它给出了对 VAR 模型中的变量产生影响的每个随机扰动的相对重要性的信息，它的基本思想是把系统中每个内生变量的变动按其成因分解为与各方程随机扰动项相关联的各组成部分，以了解各信息对模型内生变量的相对重要性。本书利用方差分解技术分析社会物流总成本与 GDP 相互之间的贡献率（见图 8 -2）。

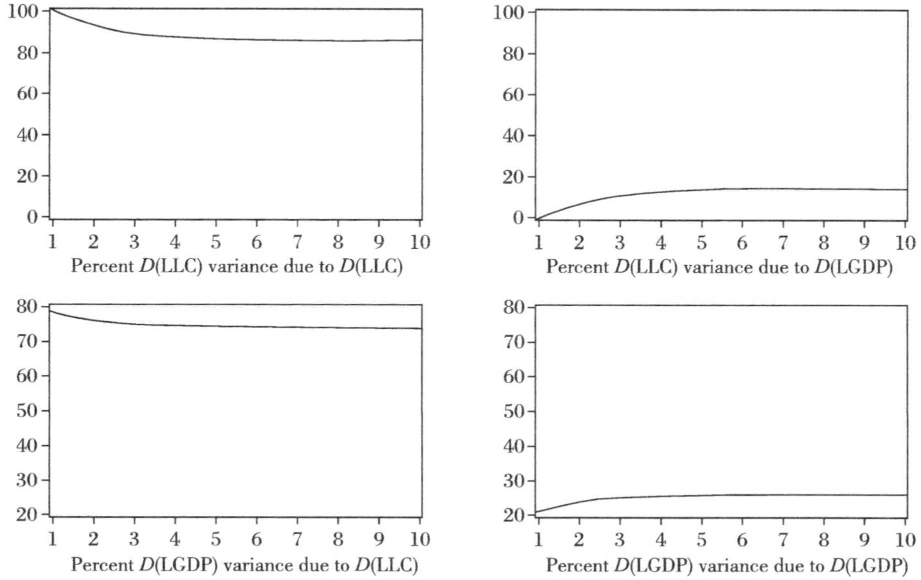

图 8 -2　*D*(LLC) 和 *D*(LGDP) 关系的方差分解图

从社会物流总成本对自身方差分解图中可以看出，时间路径一直为正且不断下降，这说明当期社会物流总成本对后面各时期社会物流总成本的贡献率越来越小，随后各期中自身变动的贡献率维持在 90% 左右。从社会物流总成本对 GDP 的方差分解时间路径可知，时间路径一直为正且不断上升，在第 5 期达到最大，最后保持在 25% 的水平。GDP 对社会物流总成本的贡献程度则处于下降的趋势，但总体维持在 75% 左右。而 GDP 发展对其自身的贡献程度则有所上升，从第 1 期的 21% 上升到第 4 期的 26%，之后一直稳定于这样的水平上。

从中可以总结出第二个结论：GDP 对社会物流总成本的贡献程度大于社会物流总成本对 GDP 的贡献程度。

本书运用 VAR 模型对社会物流总成本与 GDP 之间的关系进行研究，这与现有的研究和分析方法有很大不同，通过实证研究得出以下结论。

对社会物流总成本与 GDP 的原始数据取对数后均为非平稳序列，进行 ADF 检验后，社会物流总成本与 GDP 均为一阶单整序列；协整检验显示，社会物流总成本与 GDP 之间存在协整关系，即长期均衡关系，二者之间的相关关系处于长期变动的过程中；通过脉冲响应函数分析，GDP 对社会物流总成本的响应大于社会物流总成本对 GDP 的响应，且随着时间滞后期数的递增，冲击效应逐步减弱，随着时间的过渡，这种冲击引起的响应程度逐步减少并趋向于稳定状态，最终趋向于 0；通过方差分解时间路径分析显示，GDP 对社会物流总成本的贡献程度大于社会物流总成本对 GDP 的贡献程度，二者有较大的差异。

本部分基于向量自回归模型的脉冲响应函数和方差分解路径图检验了社会物流总成本与 GDP 联动发展的模式及关系，我国地区经济发展的不均衡性是当前经济发展的一大特征，在未来的研究中，可结合各个地区的情况，具体研究区域社会物流总成本与 GDP 之间的贡献程度。

第9章　物流企业人力资源管理评价

随着我国经济的飞速发展，人力资源在物流企业总资产中所占的比重越来越大，对人力资源管理水平进行评价显得越发重要。本书基于熵值法的基本理论，并结合物流企业的特点来构建人力资源管理水平的评价模型，从人力资源管理的协调性评价、过程性评价、效果性评价和发展性评价4个方面进行了深入研究，对熵值法理论在人力资源管理中的应用方法与步骤进行了探讨，最后通过实证分析验证了模型的有效性，并根据评价结果，对如何有效提升物流企业的人力资源管理水平给出了相关的策略与建议，同时这有利于物流企业人力资源的持续开发和优化配置。

9.1　物流企业人力资源管理绩效评价

在系统管理理论中，组织被认为是一个被环境影响，反过来其影响又对环境产生作用的开放系统，这些系统之间是相互依赖、相互合作的关系。物流企业进行人力资源管理的核心问题就是对人的管理的问题，这要求在从事人力资源管理工作时，不仅要合理地获得人力资源，而且还应适时合理地利用人力资源，把得到的人力整合到组织中从而融为一体，保持和激励他们对本组织的忠诚与积极性，提高他们的工作绩效或作相应调整，尽量开发他们的潜能，以支持组织目标的实现。在人力资源管理中如何做到物尽其用，以较小的成本投入发挥最大的效用成为人力资源管理的难题。因此对经济社会大环境下的企业来说，与经济环境之间的关系更加密切相关，而企业之下的职能系统之一——人力资源管理，其水平的高低又能直接影响到企业在社会市场条件下生存发展的空间。作为支柱产业的物流企业也是如此，其企业利润的高低与人力资源管理水平之间的相关性非常大。因此本书以物流企业为例对人力资源管理绩效进行综合评价，评价结果一方面可以发现人力资源管理水平与企业效益之间的相关性；另一方面也可以发现企业人力资源管理中存在的问题，并能够及时采取相关措施加以改进，促使其有效实现企业的战略目标。同时，也能使企业管理者看到人力资源管理对组织工作的贡献度。基于此，本书选择对物流企业的人力资源管理进行研究，并结合物流企业的特点，建立人力资源管理水平的评价模型。

本部分所构建的人力资源管理水平评价模型，不仅可以为物流企业的人力资源管理水平进行定量评价，同时也可以为其他地区物流企业或部门的人力资源管理水平评价提供借鉴，具有一定的理论意义及现实意义。

本部分利用区间数指标权重确定的熵值法原理与算法（参见 7.3 节），进行物流企业人力资源管理水平评价实证研究。

9.1.1　计算各指标权重系数

在建立物流企业人力资源管理水平时，根据层次分析法的原理，将指标体系划分为三级，目标层、准则层、指标层，分别用 A、B、C 表示，依据评价指标体系。假设某物流企业有 4 个人力资源管理战略方案，下面利用基于多方案熵值法的人力资源管理战略确定各指标的权重，表 9－1 列出了各方案准则层的上、下界临界值。

表 9－1　各方案指标值

	协调性评价	过程性评价	效果性评价	发展性评价
方案 1	(95，100)	(85，88)	(85，90)	(90，95)
方案 2	(85，95)	(90，95)	(90，93)	(95，98)
方案 3	(96，98)	(95，100)	(88，94)	(85，90)
方案 4	(85，90)	(85，94)	(90，98)	(95，100)

（1）各方案人力资源管理战略的下界决策矩阵为：

$$\boldsymbol{A}^{-}=\begin{pmatrix}95 & 85 & 85 & 90\\85 & 90 & 90 & 95\\96 & 95 & 88 & 85\\85 & 85 & 90 & 95\end{pmatrix}$$

由式（7－3）和式（7－4）可得各方案区间数指标的下界序列信息熵：

$E_1^- = 0.9709$　　$E_2^- = 0.8895$　　$E_3^- = 0.9086$　　$E_4^- = 0.9715$

（2）同理可得各方案指标值的上界决策矩阵：

$$A^+ = \begin{pmatrix} 100 & 88 & 90 & 95 \\ 95 & 95 & 93 & 98 \\ 98 & 100 & 94 & 90 \\ 90 & 94 & 98 & 100 \end{pmatrix}$$

由式（7－5）和式（7－6）计算出各方案区间数指标的上界序列信息熵：

$E_1^+ = 0.9425$　　$E_2^+ = 0.9951$　　$E_3^+ = 0.9938$　　$E_4^+ = 0.9583$

（3）由式（7－7）计算各方案区间数指标值序列信息熵：

$E_1 = 0.9567$　　$E_2 = 0.9423$　　$E_3 = 0.9512$　　$E_4 = 0.9649$

（4）由式（7－8）计算各指标对方案排序的重要程度：

$d_1 = 0.0291$　　$d_2 = 0.1105$　　$d_3 = 0.0914$　　$d_4 = 0.0285$

（5）由式（7－9）计算各评价指标的功能系数权重：

$w_1 = 0.1126$　　$w_2 = 0.4258$　　$w_3 = 0.3522$　　$w_4 = 0.1094$

由此可以看出，对于该物流企业，B 级指标的权重系数分别 0.1126、0.4258、0.3522、0.1094，同理可得 C 级指标的权重系数，计算结果见表 9－2。

表 9－2　物流企业人力资源管理评价各指标权重

A 级指标	B 级指标权重	C 级指标权重
物流企业人力资源管理水平评价指标体系	协调性评价（0.1126）	人力资源战略协调（0.0507）
		人力资源策略协调（0.0921）
		人力资源获取（0.0434）
		人力资源整合（0.0510）
	过程性评价（0.4258）	人力资源激励（0.0638）
		人力资源调控（0.0587）
		人力资源维持与开发（0.0383）
	效果性评价（0.3522）	员工满意度（0.1428）
		组织满意度（0.2142）
	发展性评价（0.1094）	员工资历状况（0.1575）
		自我实现程度（0.0875）

9.1.2 价指标的定性定量转化及综合评价

下面我们对物流企业人力资源管理的4种方案进行评价，数据获得采用物流企业自我评价、同行评价、领导评价和员工评价等主要评价主体。通过网络方式采集了200份数据，最终评价结果见表9－3，根据获取的量化值和上述计算的各指标的权重系数，利用多因素综合评价模型的基本原理计算物流企业各方案的综合得分。以第一种方案为例，计算公式如下：

综合得分 = $\sum_{i=1}^{10} W_i F_i$（i表示评价指标个数；F_i为第i个指标的量化值；W_i为第i个指标的权重系数）$= 88 \times 0.0507 + 79 \times 0.0921 + 86 \times 0.0434 + 85 \times 0.0510 + 81 \times 0.0638 + 71 \times 0.0587 + 90 \times 0.0383 + 78 \times 0.1428 + 74 \times 0.2142 + 79 \times 0.1575 + 81 \times 0.0875 = 79$，同理可计算其他三种方案的综合得分为88、83和86，综合评价，最后应该选择第二种方案。

表9－3 某物流企业人力资源管理各方案评价因素指标描述

指标	方案1	方案2	方案3	方案4
人力资源战略协调	88	98	92	97
人力资源策略协调	79	87	82	86
人力资源获取	86	96	90	95
人力资源整合	85	95	85	90
人力资源激励	81	89	84	88
人力资源调控	71	79	82	78
人力维持与开发	90	100	94	99
员工满意度	78	86	81	85
组织满意度	74	82	77	81
员工资历状况	79	87	82	86
自我实现程度	81	89	84	88

本部分模拟某物流企业人力资源管理方案选择问题，利用熵值法、德尔菲专家打分法和多因素综合评价模型等计算了该物流人力资源管理评价指标权重系数。基于熵值法的多方案人力资源管理方案选择决策模型，一方面体现了系

统分析的思想；另一方面利用更符合多方案人力资源管理战略特点和要求的熵权进行决策，使得权重的设计更加科学合理，避免了主观设定权重的弊端，减少了人为主观影响，这在一定程度上提高了人力资源管理多方案决策的科学性。本书为人力资源管理决策提供了一种比较客观且容易操作的方法，但需要注意的是，此模型适合用于已经得到若干个可行的人力资源管理战略的择优，而不是生成战略的方法。

9.2　钢铁物流企业人力资源生态系统健康评价研究

钢铁物流业在我国起步较晚，相对于发达国家而言还有很大的差距，但随着国家对钢铁产业发展的重视和政策支持，钢铁物流业面临着巨大的发展机遇，出现了一批不参与钢铁的制造和贸易，专注于钢铁物流的第三方钢铁物流企业，而这也是钢铁物流业发展的趋势。在众多影响钢铁物流企业经营的因素中，管理者普遍认识到钢铁物流人才（不仅包括中高级管理人才，还包括从事基层工作的作业人员）对企业的运营起着相当重要的作用。因此，制定合适的人力资源管理制度，吸引和留住人才对于钢铁物流企业有着重要的意义。

钢铁物流企业的人力资源管理是企业营运管理的重要组成部分，集合了钢铁物流的特点于人力资源管理实践当中，具有其明显的特殊性。由于我国钢铁物流业发展的时间不长而竞争激烈，为了能在钢铁物流市场上赢得一席之地，管理者虽然已经认识到人力资源管理对于企业发展的重要性，但长期关注企业业务量的增长使得钢铁物流业人力资源管理存在着一系列的问题，而管理者对于解决这些问题没有一个好的途径。本书旨在研究钢铁物流企业人力资源管理的特殊性，提出目前我国钢铁物流企业人力资源管理存在的一些问题，重点提出钢铁物流企业人力资源管理解决方案的模型，以期帮助钢铁物流企业管理者理解和比照本企业的人力资源管理工作。

9.2.1　企业人力资源生态系统影响因素指标体系设计

区域人力资源管理生态系统、企业人力资源生态系统是基于生态学理论而发展起来的，我国目前这方面研究的文献还不是很多，在理论界也处于初步研究阶段。最早提出人力资源生态系统概念的是中山大学的陈天祥，他指出人力资源生态系统是指人类赖以生存和发展的自然环境和社会环境，并指出人力资源是与自然和社会发展相和谐的，人力资源生态系统是一个动态平衡系统。这个人力资源生态系统的概念在国内被首次提出，但是当时仅仅停留在对人力资源生态系统概念的界定上，并没有对人力资源生态系统进行定量研究。

中南大学的颜爱民等在《企业人力资源生态系统稳定性影响因素实证研究》中，从企业人力资源生态系统的视角出发，首先界定了企业人力资源生态系统稳定性含义与特征，分别从领导者特质、企业文化、人力资源管理制度、员工素质、企业比较优势、企业外部环境6个方面对人力资源生态系统稳定性的影响因素进行了实证研究。之后颜爱民在分析区域人力资源生态系统结构的基础上，利用信息熵研究区域人力资源生态系统功能，分别从横向和纵向两方面对人力资源管理生态系统信息的流动进行了描述，结果表明，这种方法对阐释区域人力资源生态系统的功能具有很好的效果。

从上面的分析可以看出，企业人力资源生态系统是一个复杂的系统，本书通过对这些文献的研究，遵循指标整体性原则、统筹兼顾原则、资源整合原则、因地制宜原则和循序渐进原则，在此基础上建立影响企业人力资源生态系统健康发展的指标体系，即企业人力资源生态系统维度、低碳科技维度、低碳环境维度、低碳生态维度四个维度的14个指标，结果见表9-4。

表9-4 结构方程模型中的观测变量

潜变量	可测变量
协调性评价	人力资源战略协调（X1）
	人力资源策略协调（X2）
人力资源管理机制评价	人力资源获取（X3）
	人力资源整合（X4）
	人力资源激励（X5）
	人力资源调控（X6）
	人力资源维持与开发（X7）

续表

潜变量	可测变量
企业活力评价	研发生成能力（X8）
	市场竞争力（X9）
	处理突发事件（X10）
	学习创新能力（X11）
	经营管理能力（X12）
人力资源管理现状评价	人力资源机构（X13）
	团队合作精神（X14）
	员工稳定性（X15）
	人岗匹配（X16）
企业外部环境评价	本地区经济发展水平（X17）
	国家产业政策（X18）
	科技投入占支出比重（X19）

9.2.2　数据来源及处理

1. 数据来源

本书主要以我国主要钢铁物流企业的人力资源管理现状为研究对象，大部分数据通过调查问卷获得。由于物流企业人力资源生态系统健康发展影响因素涉及的面比较广，这些样本虽然满足结构方程模型最低样本容量（15 个）的要求，但是与统计中要求的大样本（500 个）相去甚远。根据学者 K. A. Bollen 的研究，一般情况下即使数据不符合正态分布，但是可以利用 Z – Score 方法对数据进行标准化处理，处理后的数据肯定符合正态分布，可以用极大似然法来估计方程中的路径系数。

2. 数据的信度分析

数据的信度分析也就是数据的可靠性分析，是指一组计量项目是否在衡量同一概念，是衡量数据质量的一个重要的指标（本章采用 SPSS 16.0 研究数据的内部一致性）。美国的统计学家海尔（Joseph F. Hair Jr.）、安德森（Jr. Rolph E. Anderson）、泰（Ronald L. Tathan）和布莱克（Willian C. Blaek）指出：Cronbach's α 值大于0.7，表明数据具有较高的可靠性，当涉及的变量小于6时，Cronbach's α 值大于0.6，表明数据是可靠的，其计算结果见表9－5。结果显示 Cronbach's Alpha 系数为0.853，Cronbach's Alpha 值大于0.7，说明调查问卷所取得的数据具有较好的信度。

表9－5　可靠性检验结果

Cronbach's Alpha	项数
0.853	19

表9－6是对问卷中第一层次的指标进行信度分析的结果，从结果可以看出，这5个潜变量的 Cronbach's Alpha 也都在0.7以上，因此，可以认为各研究变量测量条款具有较高的内在一致性信度，调查数据是较为可靠的。

表9－6　潜变量的信度检验

潜变量	可测变量个数	Cronbach's Alpha
协调性评价	2	0.932
人力资源管理机制评价	5	0.878
企业活力评价	5	0.884
人力资源管理现状评价	4	0.855
企业外部环境评价	3	0.904

3. 调查问卷效度分析

衡量调查问卷有效性的前提是对问卷进行效度分析，效度（Validity）是指测量工具能正确测量出所要测量问题的程度，如果效度越高，表明所使用的测量工具就越能够测出被测对象的特性；反之，就不能真正发挥测量工具的作用。

从表9－7可以看到，各指标的因子负荷值分别为0.754、0.823、0.874、

0. 816、0. 854、0. 943、0. 863、0. 795、0. 820、0. 791、0. 834、0. 841、0. 819、0. 898、0. 812、0. 896、0. 782、0. 946、0. 847，因子载荷大于 0. 5 时说明调查问卷效度很好。

表 9 -7　物流企业人力资源生态系统健康指标体系成分矩阵

一级指标（潜变量）	二级指标（可测变量）	成分矩阵
协调性评价	人力资源战略协调（*X*1）	0. 754
	人力资源策略协调（*X*2）	0. 823
人力资源管理机制评价	人力资源获取（*X*3）	0. 874
	人力资源整合（*X*4）	0. 816
	人力资源激励（*X*5）	0. 854
	人力资源调控（*X*6）	0. 943
	人力资源维持与开发（*X*7）	0. 863
企业活力评价	研发生成能力（*X*8）	0. 795
	市场竞争力（*X*9）	0. 820
	处理突发事件（*X*10）	0. 791
	学习创新能力（*X*11）	0. 834
	经营管理能力（*X*12）	0. 841
人力资源管理现状评价	人力资源结构（*X*13）	0. 819
	团队合作精神（*X*14）	0. 898
	员工稳定性（*X*15）	0. 812
	人岗匹配（*X*16）	0. 896
企业外部环境评价	本地区经济发展水平（*X*17）	0. 782
	国家产业政策（*X*18）	0. 946
	科技投入占支出比重（*X*19）	0. 847

9.2.3 模型假设

探索性因子分析适合于探索未知的构思结构，而验证性因子分析则适合为假设模型提供有意义的检验和拟合指标，本研究试图通过对五因子评价模型与可能存在的其他评价模型进行比较，以期得到最佳模型。假设物流企业人力资源生态系统健康评价模型可能是单因子评价模型、两因子评价模型或者五因子评价模型，最后可以根据拟合样本数据情况来判断哪个是最佳模型。

运用 Amos 7.0 结构方程模型软件对上述假设的单因子模型、两因子模型和多因子模型进行验证性因子分析，具体结果见表 9－8。

表 9－8 物流企业人力资源生态系统健康评价验证性因子分析结果

模型	CMIN/DF	GFI	NFI	TLI	CFI	RMSEA
五因子模型	1.120	0.956	0.929	0.977	0.998	0.042
两因子模型	2.858	0.830	0.966	0.893	0.945	0.074
单因子模型	7.773	0.693	0.924	0.861	0.903	0.107

从表 9－8 可以看出，五因子模型的 CMIN/DF（卡方自由度比）、RMSEA、GFI、NFI、TLI、CFI 六个指标对假设模型观察变量协方差之间的拟合程度进行检验。本模型的 CMIN/DF 值为 1.120，小于 2，说明模型与观察数据的拟合程度很好。而且对于 TLI 和 CFI 两个拟合指数而言，受样本影响较小，可信度更高，本模型的结果分别为 0.977 和 0.998，都大于 0.9，说明模型与观察变量协方差之间拟合程度较高。而 RMSEA 值也较小，可以接受。所以，通过表 9－8 可以看到，我们得到的物流企业人力资源生态系统健康结构方程模型是可以接受的，并且模型的各项拟合指数都表现得很好，即五因子模型能够很好地反映出物流企业人力资源生态系统健康各项指标之间的关系，各项指标都比较符合统计标准，五因子模型是最佳模型。而两因子模型的 GFI、NFI、TLI、CFI 都达到了统计检验的标准，但是拟合程度不是很好，单因子模型的各项指标都不是很理想。五因子模型结构如图 9－1 所示。

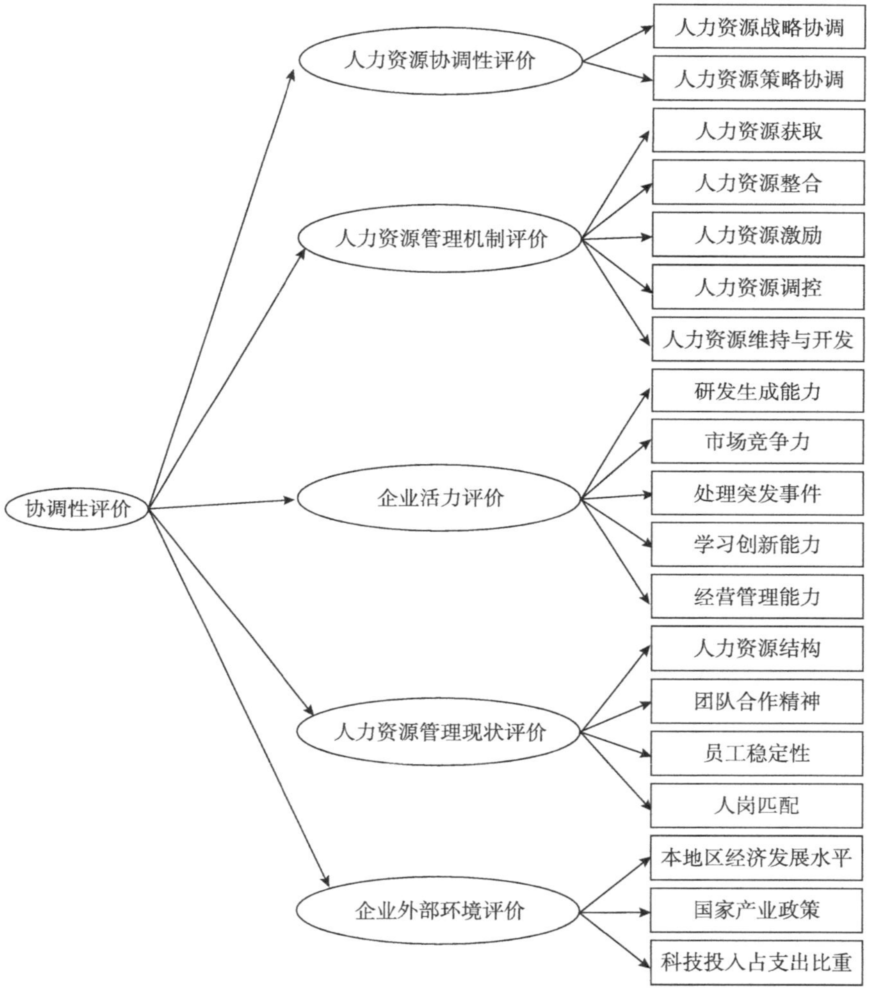

图 9－1　结构方程模型路径系数结果

9.2.4　物流企业人力资源生态系统健康评价影响因素模型求解

根据上述求出的最佳模型为五因子模型，利用 Amos 7.0 软件进行求解，表 9－9 是模型中可测变量之间路径分析结果。

表 9-9　模型中可测变量之间路径分析结果

一级指标	二级指标	路径系数	S. E.	t
协调性评价	人力资源战略协调（$X1$）	0.78	0.232	3.362
	人力资源策略协调（$X2$）	0.75	0.081	9.259
人力资源管理机制评价	人力资源获取（$X3$）	0.82	0.209	3.923
	人力资源整合（$X4$）	0.76	0.197	3.858
	人力资源激励（$X5$）	0.65	0.055	11.818
	人力资源调控（$X6$）	0.48	0.225	19.200
	人力资源维持与开发（$X7$）	0.68	0.090	7.556
企业活力评价	研发生成能力（$X8$）	0.61	0.295	2.068
	市场竞争力（$X9$）	0.75	0.005	7.143
	处理突发事件（$X10$）	0.48	0.177	2.712
	学习创新能力（$X11$）	0.81	0.288	4.309
	经营管理能力（$X12$）	0.78	0.083	9.398
人力资源管理现状评价	人力资源结构（$X13$）	0.48	0.322	21.818
	团队合作精神（$X14$）	0.75	0.076	9.868
	员工稳定性（$X15$）	0.86	0.215	4.000
	人岗匹配（$X16$）	0.91	0.074	12.297
企业外部环境评价	本地区经济发展水平（$X17$）	0.81	0.143	5.664
	国家产业政策（$X18$）	0.75	0.108	6.944
	科技投入占支出比重（$X19$）	0.59	0.232	18.438

物流企业人力资源生态系统健康评价 t 检验表明，模型中各可测变量对潜变量的影响都比较显著，协调性评价维度两个因素中人力资源战略协调、人力资源策略协调对其影响都比较大，相关系数达到了 0.75 以上；对人力资源管理机制评价影响最大的是人力资源获取，两者相关系数达到了 0.82，其次是人力资源整合，相关系数为 0.76；对企业活力评价影响较大的因素为学习创新能力，其次是经营管理能力和市场竞争力；对人力资源管理现状评价影响最大的因素为人岗匹配，两者相关系数高达 0.91，其次是员工稳定性，相关系数也非常高；对企业外部环境影响较大的因素为本地区经济发展水平，相关系数为 0.81，其次是国家产业政策。另外，从表 9-9 的最后一列可知，结构方

程模型的模型假设都被证实，对研究物流企业人力资源生态系统健康影响因素具有重要的指导意义。

本部分在前人研究的基础上，将结果方程模型应用到物流企业人力资源生态系统健康发展影响因素的评价中，并取得了很好的效果，获得了具有实践意义的结论，从指标的选取，数据的来源和样本的选取，甚至模型的构建上都有很大的发展空间，希望本研究为这一领域的研究提供一个解决问题的思路，引领将来的研究向更深领域发展。实证研究显示，物流企业人力资源生态系统健康发展影响因素各评价指标之间并非相互独立而是相互影响、相互关联的，片面提高单个能力指标的水平并不一定能直接提升物流企业人力资源生态系统健康发展水平，甚至可能适得其反。相反，把握各指标之间的相互影响与因果关系，准确定位关键影响因素和指标，才是有效增强物流企业人力资源生态系统健康发展能力的关键所在。

第10章　逆向物流综合评价

10.1　国内外逆向物流概念界定

伴随人类生产活动，废弃产品的回收活动很早就出现了，当时主要的原因在于资源的匮乏，而逆向物流这一学术名词的出现也仅20多年光阴，在此期间国内外学者对逆向物流概念的界定进行了不断的补充与完善。

10.1.1　国外逆向物流概念界定

逆向物流（Reverse Logistics）概念由James Stock于1992年在给美国物流管理协会（The Council of Logistics Management，于2005年改名为美国供应链管理协会）的一份研究报告中首次提出，James Stock教授将逆向物流定义为：泛指物料替代、产品退回、产品再利用、废弃产品处置、再处理、维修与再制造等物流活动。

同年，美国物流管理协会在James Stock研究的基础上正式界定了逆向物流概念，将逆向物流进行了狭义与广义之分，狭义上的逆向物流是指关于产品循环利用、废弃产品处置与有害物料管理等物流活动的总称；而广义上的逆向物流除此之外还包括所有关于资源消减、资源循环利用、物料替代以及废弃物品再利用等相关物流活动。

Pohlen与Farris于1992年从市场营销学的视角将逆向物流界定为：产品沿着分销渠道由消费者向生产者移动所引发的实体流动。

Kopicky与Berg等人于1993年在综合James Stock（1992）与Pohlen、Farris（1992）的研究基础上给出了逆向物流定义，即逆向物流是个概括性的术语，是关于从包装到产品各环节中对有害或无害废弃物的处置等相关物流管理活动，使得物品及相关信息沿着与传统物流活动反方向流动。

尽管以上对逆向物流概念有不同的界定，但都是从废弃产品回收再利用的视角进行描述，可以看出逆向物流活动产生的一个重要原因是与环境资源有关，之后逆向物流的概念越来越被学术界、企业界所接受，逆向物流的实践活动也得到了快速的发展，随着实践的不断深入，逆向物流概念也在不断地补充与完善。

James Stock 在 1998 年根据实践发展的需要重新界定了逆向物流的概念，即逆向物流是指关于物流在物料替代与循环利用、产品回收与循环使用、废弃物料与产品的回收处置、再利用、再制造中的作用。

Carter 与 Ellram 在 1988 年从企业的角度研究逆向物流，认为逆向物流是产品在供应链节点企业之间反方向的流动过程，企业对从最终客户或下游供应链节点企业到产品生产地的反方向流动过程中进行产品的循环再利用，帮助企业在环境管理方面作出卓有成效的贡献。

Rogers 与 Tibben-Lembke 于 1998 年根据美国物流管理协会关于物流定义的基础上给出了逆向物流的定义，Rogers 是美国逆向物流执行委员会（逆向物流方面权威组织）的主席，认为逆向物流同样包括物流相关活动，只是活动方向相反以及活动的目的不同。因此，Rogers 与 Tibben-Lembke 将逆向物流界定为：是对原材料、再制品、产成品以及相关信息从消费点到起始点的高效率、低成本的流动进行规划、执行与控制的过程，以期重新获得有缺陷产品或废弃产品的使用价值以及合理处置最终废弃物，保护环境，避免对环境造成污染，明确而清晰地界定了逆向物流活动的目的与过程。

美国物流管理协会于 1999 年采纳了 Rogers 与 Tibben-Lembke 关于逆向物流概念的界定，并成为学术界所公认的较为全面而准确的逆向物流权威定义。

欧洲逆向物流工作委员会在 Rogers 与 Tibben-Lembke 研究的基础上提出了更为广义的逆向物流定义，认为逆向物流的起点不一定仅是消费点，也可以是供应链下游的零售商与分销商等。另外，物品也不一定就要被送回到它们的来源地，可以是逆向供应链上的任何节点企业或其他处置设施。因此，将逆向物流定义为：是对原材料、再制品、产成品及相关信息从消费点、零售商、分销商等向上游节点企业或其他处置设施的流动而进行规划、执行与控制的过程，以期重新获得有缺陷产品或废弃产品的使用价值以及合理处置最终废弃物。

10.1.2 国内逆向物流概念界定

国内一些学者也对逆向物流作出了相关的定义，具有代表性的是向盛斌给逆向物流的界定：是指在企业运营过程中，对于某些失去了使用价值（如加工过程中的边角料、消费后的产品、包装材料等）的资源，因为其还存在一定的潜在剩余价值，企业应为这部分资源构建一个回收系统，最大化地利用这些资源。

《中华人民共和国国家标准：物流术语》GB/T 18354—2001 中没有逆向物流的概念，相关的两个概念是回收物流与废弃物物流，2006 年更新的《中华人民共和国国家标准：物流术语》GB/T 18354—2006 版本中分为逆向物流与废弃物物流。回收物流是指不合格产品的退货、返修以及产品的包装容器，从消费者返回制造商所引发的产品实体流动；废弃物物流是指将经济活动中失去使用价值的产品，进行收集、分类、加工、包装、搬运、储存等，并运送到指定处置设施所形成的产品实体流动；逆向物流是指产品从供应链下游向上游的移动所形成的物品实体流动。

综上所述，国内外学者虽然对逆向物流概念的表述上不一样，但是内涵基本相同，可以从逆向物流活动的对象、目的、构成三个角度进行诠释：从逆向物流活动的对象看，是关于原材料、再制品、产成品及相关信息沿着与传统供应链活动相反的方向从供应链下游向上游回溯的过程；从逆向物流活动的目的看，是以期再次获得有缺陷产品或废弃产品的潜在资源再利用价值以及合理处置最终废弃物，保护自然生态环境；从逆向物流活动的构成看，是为了实现活动目的而对活动对象进行回收、检查、分类、拆解、加工、处理与再制造等活动。

10.1.3 逆向物流驱动因素

企业从事逆向物流管理实践有 4 个方面的决定因素。

1. 经济因素

企业通过逆向物流可以获得直接和间接的经济效益。成本节约是企业的重要目标，如果能够很好管理逆向物流从而降低成本，企业因此可以获得成本竞争优势。另外，逆向物流管理还能够带来在企业绿色形象和消费者关系改善等方面的间接经济收益。

2. 立法

目前，已有多个国家通过立法要求企业收回使用生命周期结束 EOL（End of Life）产品。例如，欧盟的废旧电子电器设备条例规定了生产企业回收和处理废弃电子电器设备的标准，并要求企业为这些活动提供资金。

3. 企业责任和义务

与价值和准则相关的企业责任成为逆向物流的驱动因素，驱使企业投入逆向物流活动中来，逆向物流活动能够提升企业形象。1996 年婴幼儿服装直销商 Andersson 发起了一个项目，将回收来的稍旧的衣服分送到学校、无家可归者和慈善机构。著名鞋类制造商耐克公司鼓励消费者将旧鞋送回商店并收购，然后送回耐克鞋厂粉碎制成篮球场和跑道，并将其捐赠，提升了品牌价值。

4. 环境保护问题

那些将环境目标融合进企业实践和战略规划的企业，更容易获得政府和消费者的支持，从而树立竞争优势。生产环境友好产品的绿色形象已经成为企业重要的营销要素，激励着越来越多的企业回收产品。

因此，对于企业而言，逆向物流往往出于以下动机：环境管制、经济利益（体现在废弃物处理费用的减少、产品寿命的延长、原材料零部件的节省等方面）和商业考虑。因而，管理者首先应认识到逆向物流的重要性和价值；其次要在实际运作中给予逆向物流以资源和支援，才是发挥竞争优势的关键。

近年来，随着电子商务的快速发展，物流业已从传统的流通业中独立出来并日益受到人们的关注。而随着人们环保意识的增强，环保法规约束力度的加大，逆向物流的经济价值也逐步显现。在我国经济发展水平较为落后的时期和地区理所当然是厉行节约的首要选择，传统经济生活中的废品如空桶、空瓶、空盘、废旧钢铁、纸张、衣物等的重复利用也是一种司空见惯的社会生活现象，因而，服务于废品回收再利用的逆向物流并不是什么新东西。另外，对产品零部件的回收再利用或将上述包装回收后清洗再利用都比买新的要便宜。只不过，由于过去 10 年中对环境保护的高度重视，逆向物流有了新的含义，如耐用产品和耐久消费包装。新的资源再生利用技术的研究与推广大大降低了处理回收物品的成本，使逆向物流不仅仅意味着成本的降低，而且由于它能带来资源的节约就可能意味着经济效益、社会效益和环境效益的共同增加。

10.2 基于 Vague 集的旅游逆向物流评价方法研究

随着经济的迅速发展和改革开放的不断深入，全国各地涌现出越来越多的旅游景区，人们在旅游的同时也伴随着物流活动，例如，交通运输、物品装运和拆卸、物品保管、服务产品流通、信息加工和处理等，在旅游的物流活动中必然会产生环境污染、资源和能源的伤害，对生态环境特别是旅游的环境带来了诸多不利影响。因此，遵循可持续发展的原则，探讨旅游与物流和环境的关系，采取相应措施，尽量减少这些污染，对旅游的逆向物流进行研究，变得十分必要和紧迫。逆向物流思想对该问题的解决提供了一个很好的思路。在各种废弃物回收物流系统的运作方式中，为了减少这些费用成本，旅游逆向物流供应商应运而生，作为旅游而言，最主要的是以比较低的成本实现旅游废弃物的回收，因此对逆向物流效益的评价显得异常重要，从而达到旅游废弃物的收集、运输和处理等。

10.2.1 Vague 集评价模型构建的基本原理

Vague 集在模糊信息的处理上属于比较新型的模糊理论，该理论首先从正反（真假）两个对立面描述评价对象，这在很大程度上解决了模糊集中隶属度函数不足的问题，对模糊集进行了有力的扩充，达到了对不精确数据更加完整描述的目的，其模型的构建思路如下。

1. 构建评价指标体系

在建立指标体系中，首先确定每个指标正反两个方面的影响，假设 μ_1，$\mu_2, \cdots, \mu_m$ 表示一级指标，$U = \{\mu_1, \mu_2, \cdots, \mu_m\}$ 表示一级评价指标的集合形式。$\mu_{ij}(i = 1,2,\cdots,m; j = 1,2,\cdots,n)$ 表示二级指标，则将一级指标 U 的每个因素按其属性划分为若干个子集合 $\mu_i = \{\mu_{i1}, \mu_{i2}, \cdots, \mu_{ij}, \cdots, \mu_{im}\}$，$(i = 1,2,\cdots,m; j = 1,2,\cdots,n)$，对于以下各级依此类推，逐级划分。

2. 构建指标评语集

建立评语集的目的是确定每个指标综合效益正反两方面的影响程度，评语集用 $V = (v_1, v_2, \cdots, v_p)$ 表示。

3. 构建真假评价矩阵 $\boldsymbol{R}_t$，$\boldsymbol{R}_f$

假设评级因素集中 μ_i 的因素 $\mu_{ij}(i = 1,2,\cdots,m;\ j = 1,2,\cdots,n)$ 的等级为 $v_k(k = 1,2,\cdots,p)$，则因素集 U 和评价集 V 之间的关系矩阵如下所示：

$$\boldsymbol{R} = \begin{pmatrix} r_{i11} & r_{i12} & \cdots & r_{i1p} \\ r_{i21} & r_{i22} & \cdots & r_{i2p} \\ \vdots & \vdots & \vdots & \vdots \\ r_{im1} & r_{im2} & \cdots & r_{imp} \end{pmatrix}$$

其中，因素 u_{ij} 关于评价集的评价用 r_{ijk} 表示，其表达式为：$r_{ijk} = |t_{Rijk},1 - f_{Rijk}|$。$t_{Rijk}$ 为正隶属度，表示因素对总目标的正向影响；f_{Rijk} 为负隶属度，表示因素对总目标的负向影响。

假设有 N 个专家打分，在选择专家时要做到尽量使这些专家涵盖指标体系的各个方面，数量充足，要有适合的构成比例。具体方法如下：每个专家都要独立对某一具体指标按照评语集确定的标准选择回答，当然也可以放弃回答，首先判断该指标的正面影响因素，然后根据 Vague 的特性确定这些指标对总指标的负面影响。这里需要特别注意，剩余的部分中包含了负面影响和不确定影响两个方面的内容。此时，对某个因素 U_i（$i = 1,2,\cdots,m$）的评价，第 i 个单因素模糊评价 V 上的模糊子集定义为：$(r_{ti1},r_{ti2},\cdots,r_{tip})$ 和 $(r_{fi1},r_{fi2},\cdots,r_{fip})$。定义 $\boldsymbol{R}_t$ 和 $\boldsymbol{R}_f$ 两个模糊关系矩阵：

$$\boldsymbol{R}_t = \begin{pmatrix} r_{t11} & r_{t12} & \cdots & r_{t1p} \\ r_{t21} & r_{t22} & \cdots & r_{t2p} \\ \vdots & \vdots & \vdots & \vdots \\ r_{tm1} & r_{tm2} & \cdots & r_{tmp} \end{pmatrix} \quad \boldsymbol{R}_f = \begin{pmatrix} r_{f11} & r_{f12} & \cdots & r_{f1p} \\ r_{f21} & r_{f22} & \cdots & r_{f2p} \\ \vdots & \vdots & \vdots & \vdots \\ r_{fm1} & r_{fm2} & \cdots & r_{fmp} \end{pmatrix}$$

其中，r_{tij} 表示因素 U_i 对 V_j 的正隶属度；r_{fij} 表示因素 U_i 对 V_j 的负隶属度。

r_{tij} = 将第 i 个指标的正影响程度选择为第 j 个评语集的专家人数/N；

r_{fij} = 将第 i 个指标的负影响程度选择为第 j 个评语集的专家人数/N。

4. 权重向量的计算

在计算各指标的权重系数时可以利用层次分析法，根据每个指标影响程度赋予评价因素中各指标的权重。

模糊权重向量：$\boldsymbol{A}_i = (a_1,\ a_2,\ \cdots,\ a_n)$。

其中，$a_1,a_2,\cdots,a_n$ 应满足以下条件：$a_1+a_2+\cdots+a_n=1(0\leqslant a_i\leqslant 1)$。

5. Vague 综合评价

利用相应的运算公式分别对 $\boldsymbol{R}_t$ 和 $\boldsymbol{R}_f$ 进行 Vague 集模糊综合评价，若评价结果中各项和恰好等于 1，则可以看作最终的评价结果，否则进行归一化处理，最后由 Vague 系统调整正负隶属度的比例得出结果。

10.2.2 构建 Vague 集评价模型

Vague 集模糊矩阵一共有四种算法：① $M(\wedge,\vee)$；② $M(\wedge,\oplus)$；③ $M(\vee,\oplus)$；④ $M(\bullet,\oplus)$。其中 ∧ 表示取小运算；∨ 表示取大运算；• 表示乘法；⊕ 表示加法运算。

在综合评价模型中，一般选择 $M(\bullet,\oplus)$ 算法，也就是先进行乘法运算，后进行加法运算，在本部分中用 × 表示。

因为指标体系不同导致 Vague 评价模型有不同的类型，结合旅游逆向物流正负两级指标体系，本部分构建的评价模型如下：

$$\boldsymbol{B}=\boldsymbol{A}\times\boldsymbol{R} \tag{10-1}$$

式（10－1）中，$\boldsymbol{B}=(B_1,B_2,\cdots,B_n)^{\mathrm{T}}$

$$\boldsymbol{B}_i=\boldsymbol{A}_i\times\boldsymbol{R}_{ti}-\beta\boldsymbol{A}_i\times\boldsymbol{R}_{fi}\quad(i=1,2,\cdots,n) \tag{10-2}$$

（1）式（10－1）表示对旅游逆向物流效益评价的综合模型；

（2）$\boldsymbol{B}_i$ 表示准则层指标 U_i 的 Vague 评价值；

（3）$\boldsymbol{A}_i$ 表示 U_i 的权重系数，$\boldsymbol{A}_i=(a_1,a_2,\cdots,a_n)$；

（4）$\boldsymbol{R}_{ti}$ 和 $\boldsymbol{R}_{fi}$ 分别表示指标 U_i 的正负评价矩阵；

（5）$\beta\in(0,1)$，是调整真假隶属度的系数，可以根据实际情况的不同调整真假权重，控制真假隶属度的比例。

10.2.3 基于 Vague 集的旅游逆向物流综合效益评价

1. 构建评价指标体系

评价指标根据专家集体研究，结合旅游逆向物流具体情况，并参照设置指标体系的突出主要指标原则、可操作性原则、系统性原则、定性与定量结合原则，建立的综合指标评价体系如表 10－1 所示，主要从逆向物流供应商的管理水平、协调能力、成本因素、信息化水平、技术实力、运输能力 6 个方面进行评价。

表10－1 逆向物流供应商评价指标体系

指标	指标描述
管理水平	逆向物流供应商管理水平的状况，直接关系到其对各环节成本的控制和回收的效率，是表征逆向物流供应商总体实力的重要指标
技术实力	技术实力反映逆向物流供应商专业化回收拆解技能的高低、技术革新和技术改造的潜力
信息化水平	逆向物流供应商作为回收物资交换中转的枢纽，信息流动量大，它包含仓储、运输、拆解分类服务、网络化服务等复杂业务，因此没有高效的信息处理系统，逆向物流运作只能是纸上谈兵
运输能力	从旅游景区上收集物品时，经常涉及数目大、批量小的运输，因而运输费用较大。同时，收集物品的运输也往往会对环境产生不良影响
协调能力	一般来说逆向物流企业要与多家客户企业发生业务关系，它必须有能力协调多家客户企业的逆向物流业务
成本因素	在选择逆向物流供应商时，成本都是影响其决策的主要因素

其中，管理水平包括回收中心速度、库存周转量、拆解加工中心平均处理效率、管理人员比重；技术实力包括技术人员比重、拆解加工设备技术领先程度、开发创新能力、技术改造资产比重、专利拥有比例；信息化水平包括信息标准化程度、信息接收速度、信息处理速度、信息应用程度、信息安全性；运输能力包括车辆情况、时间的准确性、适用性、网络性；协调能力包括均衡率、聚合力、沟通水平、物流服务的满足率；成本因素包括回收成本、回收产品转让价格、信息成本、再配送成本、机会成本。

2. 构建指标评语集

本部分用V表示指标给旅游逆向物流综合效益带来的正负影响程度，$V=$｛很高（89分以上），高（90～75分），一般（74～60分），低（59～50分），很低（49分以下）｝来表示评语集。

3. 建立正负评价矩阵

根据评价指标正反两方面的影响程度，基于以上建立的评语集，聘请本专业专家及从事该方面工作的人员对指标进行选择，最后对评价结果进行归一化处理，下面以一级指标管理水平为例得到对应的正负评价矩阵如下，其他一级指标正负评价矩阵依此类推（由于篇幅限制，在此省略）。

管理水平指标评价矩阵：

$$R_{t1}=\begin{pmatrix}0.4 & 0.2 & 0.1 & 0.15 & 0.15\\0.6 & 0.1 & 0.1 & 0.05 & 0.15\\0.7 & 0.1 & 0.1 & 0.1 & 0.1\\0.6 & 0.2 & 0 & 0.1 & 0.1\end{pmatrix}$$

$$R_{f1}=\begin{pmatrix}0.2 & 0.1 & 0.1 & 0.2 & 0.6\\0.05 & 0.15 & 0.2 & 0.3 & 0.3\\0.05 & 0.05 & 0.1 & 0.2 & 0.6\\0 & 0.05 & 0.1 & 0.15 & 0.7\end{pmatrix}$$

4. 计算各指标的权重系数

在计算各评价指标的权重系数时，本部分使用层次分析法，结合专家意见对定量指标进行比较构成判断矩阵，然后计算判断矩阵特征向量，对其进行一致性检验，最后求得各元素的优先权重，最后递阶归并各备择方案对总目标的最终权重。建立的判断矩阵如表 10－2 所示。

表 10－2　判断矩阵

	管理水平	技术实力	信息化水平	运输能力	协调能力	成本因素
管理水平	1.000	1.000	1.000	0.250	0.333	0.200
技术实力	1.000	1.000	1.000	0.250	0.250	0.333
信息化水平	1.000	1.000	1.000	1.000	0.250	0.250
运输能力	4.000	4.000	1.000	1.000	1.000	1.000
协调能力	3.000	4.000	4.000	1.000	1.000	1.000
成本因素	5.000	3.000	4.000	1.000	1.000	1.000

本部分根据方根法求得相应指标的权重，也就是将表 10－2 中每行的数据逐一相乘，得出 1 列 7 行矩阵，然后将矩阵中的每个元素开 7 次方，最后将所得矩阵中的元素进行归一化处理，就可以得到各指标权重向量，即 $\boldsymbol{A}$ = (0.082，0.084，0.099，0.218，0.255，0.262)。

通过计算，$\boldsymbol{A}$ 的最大特征根为 7.134，则根据 CI 的计算公式：$CI=\dfrac{\lambda_A-n}{n-1}=\dfrac{7.134-7}{7-1}=0.022333<0.1$，所以 $\boldsymbol{A}$ 的不一致性在允许范围内，$\boldsymbol{A}$ 的特征向量可作为权重向量。

5. Vague 综合评价

结合旅游逆向物流实际情况，令 $V=(90, 75, 60, 50, 30)$，同时调查企业管理者对管理水平、技术实力、信息化水平、运输能力、协调能力和成本因素的负面影响的不同态度，分别赋予管理水平、技术实力、信息化水平、运输能力、协调能力和成本因素的真假隶属度系数 β 不同的值：0.2、0.3、0.2、0.4、0.1、0.2。根据式（10－1），计算出该旅游逆向物流的管理水平、技术实力、信息化水平、运输能力、协调能力和成本因素的 B_1、B_2、B_3、B_4、B_5、B_6，如下所示：

$B_1=85.321$；$B_2=79.656$；$B_3=60.802$；$B_4=75.748$；$B_5=59.969$；$B_6=52.146$

则 $\boldsymbol{R}=(85.321, 79.656, 60.802, 75.748, 59.969, 52.146)$，并且 $\boldsymbol{A}=(0.082, 0.084, 0.099, 0.218, 0.255, 0.262)$，则该旅游逆向物流的综合效益为：$\boldsymbol{B}=(0.082, 0.084, 0.099, 0.218, 0.255, 0.262)\times(85.321, 79.656, 60.802, 75.748, 59.969, 52.146)^{\mathrm{T}}=65.174$。

通过以上 Vague 集方法分析可知，该旅游逆向物流综合效益一般。

旅游逆向物流综合效益评价是一个比较复杂的过程，本书从提高逆向物流综合效益角度出发，应用基于 Vague 集的模糊综合评价理论对旅游逆向物流综合效益进行了深入研究，这对旅游逆向物流综合评价工作提供了重点，具有一定的参考价值。从总体来讲，本书将 Vague 模糊理论用来评价旅游逆向物流综合效益，既扩展了理论的应用范围，也丰富了逆向物流综合效益评价的内涵。

旅游逆向物流同所有的物流过程一样都是由储存、运输、包装、装卸搬运、流通加工以及物流信息等环节组成，在提高其综合效益时也应该围绕这些环节展开。同时，应该遵循循环经济的基本思想，按照“三 R 原则”对逆向物流进行科学指导，即减少资源利用量及废物排放量（Reduce），简称减量化；努力回收利用废弃物（Reuse），简称再利用；大力实施物料的循环利用系统（Recycle），简称再循环。其实施效果必然会使综合效益显著提高，减少环境负荷。

10.3 基于群组序关系的报废汽车逆向物流综合效益评价

报废汽车物流作为汽车生产商、销售商和最终消费者的中介桥梁，是衡量汽车企业是否绿色营销与完美售后服务的标准，是关系到报废汽车是否有效回收、再生利用和妥善处置的关键。对报废汽车逆向物流的研究可以为政府部门提供科学的管理模式，也是构建经济节约型、环境改善型与和谐型社会的必然要求。本书遵循指标体系的建立原则，构建了包括经济效益、管理效益和社会效益在内的3个一级指标和11个二级指标综合评价体系，以某报废汽车生产企业为例，对其逆向物流进行综合评价。实证研究表明，经济效益是首位的，社会效益次之，接下来是管理效益，这些结论反映出我国报废汽车逆向物流业的瓶颈因素，从而为我国全面提升报废汽车逆向物流提供了参考性的对策建议。

10.3.1 群组序关系相关理论

1. 区间标度群组序关系评价法的基本原理

对一个多属性综合评价问题，设 $O = \{o_1, o_2, \cdots, o_n\}$ 为被评价对象集，$X = \{x_1, x_2, \cdots, x_m\}$ 为属性（指标）集，$S = \{s_1, s_2, \cdots, s_L\}$ 为专家集，设 $o_i(i = 1, 2, \cdots, n)$ 关于属性 $x_k(k = 1, 2, \cdots, m)$ 的属性值为 a_{ik}，不失一般性，设经“标准化”处理之后的数据矩阵为

$$\boldsymbol{A} = (a_{ik})_{n \times m} = \begin{pmatrix} a_{11} & a_{12} & \cdots & a_{1m} \\ a_{21} & a_{22} & \cdots & a_{2m} \\ \vdots & \vdots & \vdots & \vdots \\ a_{n1} & a_{n2} & \cdots & a_{nm} \end{pmatrix}$$

2. 区间数运算准则

设 $\tilde{a} = [a^L, a^U]$ 和 $\tilde{b} = [b^L, b^U]$ 为任意两个正闭区间数，关于区间数的运算法则可由下列式子给出。

(1) $\tilde{a} + \tilde{b} = [a^L + b^L, a^U + b^U]$

(2) $\tilde{a} \times \tilde{b} = [a^L \times b^L, a^U \times b^U]$

(3) $\tilde{a} \div \tilde{b} = [a^L \div b^L, a^U \div b^U]$

(4) $k\tilde{a} = [ka^L, ka^U]$

(5) $1/\tilde{a} = [1/a^L, 1/a^U]$

10.3.2　指标体系建立的原则

综合效益具有长期性、宏观性特点，一般包括三个方面，即由于企业自身主营业务增长带来的经济效益；企业活动在就业、提高生活水平、增加居民收入和社会福利等方面产生的社会影响或社会效益；在科学技术是第一生产力的今天，企业非常重视人才的培养，因此产生了管理效益。报废汽车逆向物流的综合效益评价的终极目标是比较和分析不同指标对企业综合效益是否有显著影响，影响程度大小如何，这样企业在初始建设阶段可以首先进行效益评价，使得投资建设有理可循。因此在确立综合评价指标时要尽量从提高企业综合效益出发，确定对其综合效应影响程度最大的指标。报废汽车逆向物流是一个复合的复杂物流系统，评价一个企业逆向物流综合效益的高低，要充分考虑企业现有的资源和条件。

本部分遵循以下原则选取指标。①综合性原则，报废汽车逆向物流综合评价必须综合考虑评估主体、评估手段、评估对象等诸多内容；综合考虑报废汽车逆向物流的实际状况。②系统性原则，指标体系结构有序，指标应尽可能从不同层次、不同方位涵盖报废汽车逆向物流的评估要素，以全面真实地反映报废汽车逆向物流状况。③可比性原则，指标应具有普遍的统计意义，指标的统计口径、范围应一致，便于比较。④引导性原则，应当围绕这一原则选择和确定具体指标，使所选择的指标对报废汽车逆向物流起到一定的引导和推动作用。⑤可操作性原则，数据采集与搜集具有可行性，符合目前技术水平和逆向物流实际情况。根据报废汽车回收产业的实际情况，对影响报废汽车逆向物流综合效益的指标，本书列取了包括经济效益、社会效益和管理效益在内的 3 个一级指标和 11 个二级指标对报废汽车逆向物流综合效益进行评价（见图 10－1）。

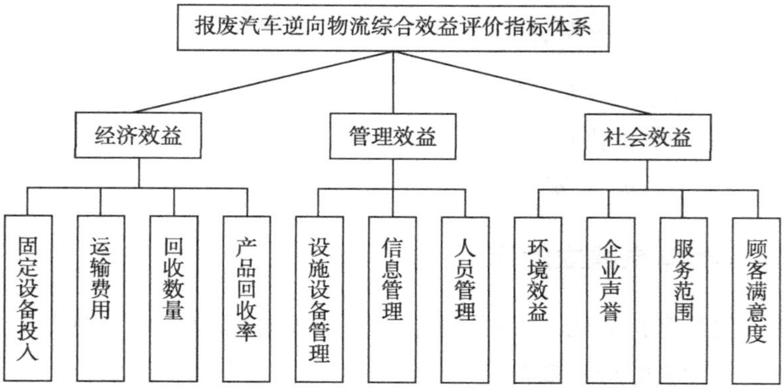

图 10－1　报废汽车逆向物流综合效益评价指标体系

10.3.3　报废汽车逆向物流综合效益评价实证研究

1. 指标体系说明

2010 年 5 月 1 日，河北省某报废汽车回收有限公司成立，2012 年通过经贸委验收，现处于河北省秦皇岛市青龙县，初始注册资金 280 万元人民币，总资产 520 万元人民币。公司占地 52000.2 平方米，拥有一批回收、拆解专业技术力量，配有各类专业拆解机械，拆解设备功能齐全，场地宽阔，交通便利，具有批量回收拆解报废汽车能力，是具有一定优势的报废汽车回收拆解企业。评价指标根据专家集体研究和该报废汽车回收产业的实际情况，对影响报废汽车逆向物流综合效益的指标，列取了包括经济效益、社会效益和管理效益在内的 3 个一级指标和 11 个二级指标对报废汽车逆向物流综合效益进行评价。结合该企业具体情况，并参照评价指标的选取原则确定了如表 10－3 所示的二级评价指标体系并对其指标体系的正负方面影响作了说明，专家根据该企业实际情况进行了打分。

表 10－3　报废汽车逆向物流评价指标体系

一级指标	二级指标	正影响	负影响
经济效益	固定设备投入	提高回收率，增加固定资产	增加成本，占用企业资金，增加土地使用
	运输费用	吸引客户，缩短回收时间	增加运输成本，加剧运输车辆磨损
	回收数量	增加收益，提高回收数量	占用资金，占用土地
	产品回收率	资源循环利用，回流资金	废物处理费，增加土地使用

续表

一级指标	二级指标	正影响	负影响
管理效益	设施设备管理	合理使用设备，防止设备丢失，减少设备不正当耗损	增加人力投入，降低调度灵活性
	信息管理	掌握市场信息，方便联系客户，信息及时反馈	增加人力投入，增加设备投入，信息易流失
	人员管理	明确员工职责，防止人才流失，提高工作效率	增加人力投入，沟通障碍，降低工作积极性
社会效益	环境效益	节约资源，保护环境，维护交通安全	降低竞争力，增加成本，增加企业负担
	企业声誉	创造品牌效益，形成企业文化	增加负面关注度，增加企业负担
	服务范围	拓展市场，增加企业知名度	增加运输成本，降低客户响应度
	顾客满意度	争取客户，提升企业形象	加大服务难度，降低工作效率

2. 计算一级指标权重系数

本书根据功能重要性确定功能系数或效用，因此，也可以称其为功能权重。权重的确定方法主要有两个方面：主观赋权法和客观赋权法。主观赋权法根据参与者的经验确定权重，这样更加符合实际，但是比较容易受到参与者个人偏见的影响。客观赋权法可以避免个人偏见的影响，但是有些指标难以量化，操作难度比较大，计算结果也很难贴近客观实际。

基于上述原因，本研究采用基于群组序关系分析法来确定指标权重，优点在于：第一，充分利用参与者的实践经验，以主观判断为主；第二，通过群组的概念对参与者的主观判断结果进行数学的运算，在一定程度上减弱了主观判断者的影响，具体步骤如下。

（1）功能序关系的确定。

评价者进行序关系分析的对象为所有功能的评价集 $\{x_1, x_2, \cdots, x_m\}$ ，根据一定的评价准则比较分析集合中的多种元素。例如，首先选出集合中参与者认为最重要的一个功能，记为 x_1^* ；其次按照同样的准则，在剩下的 $m-1$ 个功能中选出最重要的一个功能，记为 x_2^* ，依此类推，这样就建立了一个完整的序关系，记为：x_1^* ，x_2^* ，$\cdots$ ，x_m^* ，也可以记为：x_1 ，x_2 ，$\cdots$ ，x_m 。

（2）比较 x_{k-1} 与 x_k 的重要程度。

在比较 x_{k-1} 与 x_k 的重要程度时，目前实践和学术研究中经常采用的方法是利用比值公式：$r_k = w_{k-1}/w_k, (k = m, m-1, \cdots, 3, 2)$，根据评价者对各个功能的重要程度进行两两比较，用 r_k 表示 x_{k-1} 与 x_k 之间的重要程度，r_k 的含义如表10－4所示。

表10－4　r_k 的标度含义

r_k	说明
1.0	表示两功能相比，具有同样重要性
1.2	表示两功能相比，一个功能比另一个功能稍微重要
1.4	表示两功能相比，一个功能比另一个功能明显重要
1.6	表示两功能相比，一个功能比另一个功能强烈重要
1.8	表示两功能相比，一个功能比另一个功能极端重要

（3）计算各功能指标权重。

根据确定的评判标准，进而计算各功能的权重系数，然而由于评价者的认知和个人经验有所不同，有可能会出现功能排序不一致的情况，所以，分两种情况进行讨论。

①序关系一致的情况，利用如下的公式计算功能权重。

$$w_m = (1 + \sum_{k=2}^{m} \prod_{i=k}^{m} r_j^*)^{-1}, w_{j-1} = r_j^* w_j, (j = m, m-1, \cdots, 3, 2) \tag{10-3}$$

其中，$r_j^* = \frac{1}{p}\sum_{k=1}^{p} r_{ij}, (j = 2, 3, \cdots, m)$（$p$ 指专家的个数）。

②序关系不一致的情况，假设一共有 p 个专家，给出序关系一致的专家有 p_0 个，则仍然根据式（10－3）计算各功能的权重系数，记为 $w_1^*, w_2^*, w_3^*, w_4^*, w_5^*$；给出序关系不一致的专家有 $p - p_0$ 个。首先利用公式

$$w_m = (1 + \sum_{k=2}^{m} \prod_{i=k}^{m} r_i)^{-1}, w_{k-1} = r_k w_k, (k = m, m-1, \cdots, 3, 2) \tag{10-4}$$

求出各评价者给出的不同序关系的功能权重；其次计算 $p - p_0$ 个指标权重的均值，记为 $w_1^{**}, w_2^{**}, w_3^{**}, w_4^{**}, w_5^{**}$；最后对两部分结果应用式（10－5）计算最终各功能的权重系数：

$$w_j = k_1 w_j^* + k_2 w_j^{**} \ (j = 1, 2, \cdots, m, \text{且}\ k_1 > 0, k_2 > 0, k_1 + k_2 = 1) \tag{10-5}$$

在本研究中，为了计算企业备件供应物流成本各环节的功能权重，邀请了 5 位运营管理部门、配送部门和职工建立了序关系和各自序关系中相邻元素的相对重要程度的比较值（见表 10－5）。

表 10－5　专家确定的 r_k 值

专家序号	r_2	r_3	r_4
1	1.4	1.2	1.4
2	1.4	1.2	1.4
3	1.2	1.4	1.6
4	1.4	1.2	1.4
5	1.6	1.4	1.4

从表 10－5 可以看出，给出序关系一致的专家为 1 号、2 号、4 号，而 3 号、5 号专家给出的序关系不一致，根据上述的分析结果，具体计算过程如下：

①序关系一致的计算结果为：$w_1^* = 0.4968$，$w_2^* = 0.1429$，$w_3^* = 0.3947$。

②序关系不一致的计算结果为：$w_1^{**} = 0.6304$，$w_2^{**} = 0.1017$，$w_3^{**} = 0.2335$。

对于上述结果利用式（10－5）（不妨设 $k_1 = k_2 = 0.5$）最终计算结果为：$w_1 = 0.5636$，$w_2 = 0.1223$，$w_3 = 0.3141$。同理可计算出二级指标的权重，结果见表 10－6。

10.3.4　计算单因素评价矩阵

根据评价该报废汽车逆向物流企业实际运营的情况及查阅的相关资料，结合专家意见对各二级指标进行打分，评价结果如表 10－6 所示。

表 10－6　某报废汽车逆向物流综合效益评价指标权重及模糊隶属度

一级指标	权重	二级指标	权重	效益等级				
				很高	高	较高	较低	低
经济效益	0.5636	固定设备投入	0.0518	0.3	0.2	0.3	0.2	0
		运输费用	0.0859	0.3	0.3	0.1	0.2	0.1
		回收数量	0.4153	0.5	0.3	0.2	0	0
		产品回收率	0.4470	0.3	0.3	0.2	0.1	0.1
管理效益	0.1223	设施设备管理	0.1256	0.2	0.4	0.4	0	0
		信息管理	0.7038	0.2	0.2	0.3	0.2	0.1
		人员管理	0.1706	0.4	0.1	0.2	0.2	0.1

续表

一级指标	权重	二级指标	权重	效益等级				
				很高	高	较高	较低	低
社会效益	0.3141	环保效益	0.4867	0.2	0.3	0.5	0	0
		企业声誉	0.1508	0.4	0.3	0.3	0	0
		服务范围	0.0681	0.4	0.3	0.1	0.2	0
		顾客满意度	0.2944	0.5	0.2	0.3	0	0

10.3.5 计算该企业逆向物流综合效益的模糊评价综合得分

根据各二级指标权重 W_i 和对应的单因素矩阵 $\boldsymbol{R}_i$，进行一级模糊综合评价。

$$\boldsymbol{B}_1 = (0.0518, 0.0859, 0.4153, 0.4470) \times \begin{pmatrix} 0.3 & 0.2 & 0.3 & 0.2 & 0 \\ 0.3 & 0.3 & 0.1 & 0.2 & 0.1 \\ 0.5 & 0.3 & 0.2 & 0 & 0 \\ 0.3 & 0.3 & 0.2 & 0.1 & 0.1 \end{pmatrix}$$

$$= (0.3831, 0.2948, 0.1966, 0.0722, 0.0533)$$

同理计算，可得其他两个一级指标对应各个评价等级的隶属度，如表 10－7 所示。

表 10－7　隶属度的计算结果

评价指标	效益很高	效益高	效益较高	效益较小	效益低
经济效益	0.3831	0.2948	0.1966	0.0722	0.0533
管理效益	0.2341	0.2081	0.2955	0.1749	0.0874
社会效益	0.3321	0.2706	0.3837	0.0136	0

利用一级模糊评价的结果，进行二级模糊综合评价：

$$\boldsymbol{B} = \boldsymbol{W} \times \boldsymbol{R}$$

$$= (0.5636, 01223, 0.3141) \times \begin{pmatrix} 0.3831 & 0.2948 & 0.1966 & 0.0722 & 0.0533 \\ 0.2341 & 0.2081 & 0.2955 & 0.1749 & 0.0874 \\ 0.3321 & 0.2706 & 0.3837 & 0.0136 & 0 \end{pmatrix}$$

$$= (0.3489, 0.2765, 0.2675, 0.0644, 0.0407)$$

由上述二级指标综合评价结果可以看出，该报废汽车逆向物流的经济效益属于效益较高、社会效益属于效益较高、管理效益属于效益较高，表明经济效益是报废汽车逆向物流的主要影响因素，根据逆向物流综合效益对各个评价等级的隶属度，采用加权的方法计算该逆向物流企业综合效益评价结果。

$$V = (0.3489,\ 0.2765,\ 0.2675,\ 0.0644,\ 0.0407) \times (10, 8.5, 7, 5, 1)^{T} = 8.0844$$

这表明该报废汽车逆向物流综合效益属于“效益较高”等级，但是仍然有继续提高综合效益的空间。

报废汽车逆向物流综合效益评价是一个比较复杂的过程，本书从提高逆向物流综合效益角度出发，应用基于群组算法的序关系模糊综合评价理论对报废汽车逆向物流综合效益进行了深入研究，其结果显示：经济效益是首位的，社会效益次之，接下来是管理效益。这对报废汽车逆向物流综合评价工作提供了重点，具有一定的参考价值。从总体来讲，本书将序关系理论用来评价报废汽车逆向物流综合效益，既扩展了理论的应用范围，也丰富了逆向物流综合效益评价的内涵。

第11章　港口物流与临港产业共生性评价——以河北省为例

随着经济全球化和科学技术的迅速发展，港口物流作为一种刚刚兴起的产业，社会专业化分工和经济运行形式发生了很大的变化，在世界范围内获得了飞速发展，成为极具市场潜力的行业，同时对临港产业的发展有着举足轻重的作用。目前国内对于港口物流和临港产业的共生性研究少之又少，很多学者都是从定性的角度对两者的协同性、共生性进行研究，很少有学者从定量角度对二者之间的共生性进行研究。本书主要在研究港口物流与临港产业集群的基础上，针对河北省的实际情况，通过管理理论，计算出与河北省港口物流相关性比较高的临港产业，这些产业分别是金属矿采选业、非金属矿采选业、非金属矿物制品业、金属冶炼及压延加工业、仪器仪表及文化办公用品机械制造业。利用时间序列分析理论和协整理论，得到了这些临港产业与河北省港口物流的多元线性回归方程，证明了二者共生性的存在。结果表明，河北省港口物流和临港产业之间存在着长期的均衡关系，临港产业对港口物流的影响是显著的。

11.1　产业共生性文献综述

对于产业共生的概念，丹麦卡伦堡公司定义为："产业共生是指通过不同企业间的合作，共同提高企业的生存能力和获利能力。同时，通过这种共识实现对资源的节约和环境保护。"产业共生理论是运用现代生物共生理论中的基本概念、原理以及方法分析产业经济领域的产业组织、结构和生存环境等一系列问题。

产业共生是现代企业模仿自然生态系统的组织创新模式。企业之间不仅包含物质流、能量流之间的副产品利用，而且包括信息流、人才流和技术流等方面的全面合作。共生单元具有多样性，无论是企业层次，还是产业层次，甚至是区域及国家层次，都聚焦有关产业共生问题。这是由于产业共生既能涵盖企业共生层面，又能触及区域经济或国民经济的基本内核。分析临港产业共生性能力的影响因素，构建临港产业共生性的相关性研究是正确评价临港产业企业共生能力和绩效的前提与基础，有助于开展临港产业共生的相关实证研究，对于科学地判断临港产业共生状况及关键影响因素的甄别具有重要意义。

国外学者早在 20 世纪 60 年代就已经开始了对港口经济的研究，然而对依托港口发展集群或共生的研究比较晚，90 年代才有学者涉足。2004 年，耶鲁大学与波多黎各产业发展公司合作的"拉美港口及临港产业区产业共生"调查项目识别了具体推进过程中的各种要求，包括理想的前期条件、有效沟通、信息散布、规制考量等。BEERS 等聚焦位于澳大利亚深水港口周边的两大以资源性重化工业为主的产业区，即位于印度洋沿岸的 Kwinana 地区和位于南太平洋海岸的 Gladstone 地区，对比分析两个地区产业共生的驱动力量、壁垒和触发点，并预测潜在的共生机会；BAAS 等以荷兰鹿特丹港及产业联合体的经验论证嵌入和能力因素在产业共生中的协同作用；HUMPHREYS 解析英国 Bristol 港产业共生利益相关者的目标和结构，指出在英国西南部港口经济区推行产业共生的潜在机会；ROYSTON 指出荷兰临港经济持续增长面临空间和环境的约束，必须采取创新性协作方案，其中包括公用事业共享、剩余资源的有偿使用等产业共生实践。

陈有文等从空间和功能布局的角度分析大型港口—工业综合体的共生情况，指出其空间结构多数呈现紧密型特征，具体可细分为以项目为单位的独自配套布局、按专业功能划分的"专港专区"布局、港区与产业区独立设置相邻布局，同时还指出在处理港口与产业园区的空间关联布局时的类型和原则；王金水认为，形成产业内部、产业之间乃至区域开放式循环经济共生网络是临港重化工业区突破资源环境限制、寻求可持续发展的重要途径，在临港重化工业区内构建区域循环经济共生网络可以极大地发挥经济集聚效应，产业之间采取就近原则为彼此提供原材料，不仅可降低企业交通运输成本，亦可减少交通运输造成的能源消耗；以张广兴等为首的研究团队则在重新界定港口评价标准的基础上提出分类维度，将临港产业与腹地产业的演进共生过程分为 3 个阶段和 4 种模式，认为河北省港口物流业与腹地产业正处于演进共生的初期阶段，港口功能的低级状态影响港口物流对腹地产业的辐射和拉动作用的发挥，成为制约临港制造业与腹地产业共生的弱化力量；史安娜等取得的系列成果则专门指向港口物流产业集群的共生问题，这是临港产业共生系统中的重要部门。

国内外现有研究成果虽提供了一些实践案例，但缺少完整的理论架构及数学模型，尤其是临港产业共生能力研究文献更是鲜见。

本书利用系统学原理，结合临港产业规模大、集中度高和运输资源丰富、地理位置优越等特点，从共生视角对临港产业共生能力进行探索性研究。构建临港产业共生因素之间的关系，识别关键因素，为临港产业共生性建立合理完善的集群共生体系、提高临港产业集群内企业共生能力提供参考。

11.2 河北省港口物流与临港产业共生性的实证研究

本部分利用灰色关联分析理论（参见 8.1.3 节）进行河北省港口物流与临港产业共生性的实证研究。

港口物流是一个极具发展潜力的产业，是现代科技与市场经济发展到一定阶段的产物，其发展程度是衡量一个国家综合经济实力的重要标志之一。科学地研究其与临港产业之间的关系，对于完善物流体系、改善物流业发展环境、发展物流市场，提升物流行业的综合竞争能力，推动港口经济的快速增长具有十分重要的意义。

11.2.1 变量的选择

本书中，根据河北省 2007—2011 年 43 个部门投入产出表筛选出 8 个与港口行业相关度较高的行业，即临港产业主要包括金属矿采选业、非金属矿采选业、非金属矿物制品业、金属冶炼及压延加工业、仪器仪表及文化办公用品机械制造业、建筑业、电气机械及器材制造业、金属制品业，河北省港口物流用沿海港口货物吞吐量来表示。运用改进的灰关联分析模型，根据 2007—2011 年的年度数据，来研究河北省港口物流与临港产业的共生性（见表 11－1）。

表 11－1　2007—2011 年港口物流与临港产业原始数据

年份	Y	X1	X2	X3	X4	X5	X6	X7	X8
2007	39246	223.20	8.08	294.38	4779.57	12.04	1614.69	301.17	169.04
2008	46971	379.90	8.81	318.99	6690.71	13.94	2044.81	406.95	210.98
2009	47726	374.20	9.36	410.89	6810.03	18.43	2525.05	537.67	336.49
2010	48566	615.89	11.23	565.44	8308.02	23.48	3232.53	693.65	377.60
2011	56036	958.93	42.6	789.88	10582.08	34.54	3972.66	784.04	570.14

数据来源于2008—2012 年《中国统计年鉴》和《河北省经济年鉴》。其中 X1～X8 分别表示这些临港产业的增加值，单位为亿元人民币；Y 表示港口货物吞吐量，单位为万吨。

11.2.2　计算各临港产业与港口物流的灰关联系数

通过上述选取的 8 个自变量，依据表 11－1 中的数据，根据灰关联计算公式，分析 8 个自变量对港口物流的灰关联程度，下面以计算港口物流与金属矿采选业的灰关联度为例。

设 2007—2011 年港口货物吞吐量各年数据组成的参考序列为 Y，金属矿采选业各年数据组成的比较序列为 X_1，则：

先对数据进行标准化处理，利用均值化方法对 Y、X_1 进行标准化处理，标准化处理后的新的灰关联序列为：

$$Y' = (0.7004, 0.8382, 0.8517, 0.8667, 1.0000)$$

$$X_1' = (0.2328, 0.3962, 0.3902, 0.6423, 1.0000)$$

为了计算 $\gamma(X_0, X_1)$，先计算下面的几个变量：

$$\Delta Y' = (0.1379, 0.0135, 0.0150, 0.1333)$$

$$\Delta X_1' = (0.1634, -0.0059, 0.2520, 0.3577)$$

$$|\overline{\Delta Y'(k)}| = 0.0749 \qquad |\overline{\Delta Y'(k) - \Delta X_1'(k)}| = 0.1266$$

因为 $\dfrac{\overline{\Delta Y'(k)}}{\Delta X_1'(k)} > 0$

所以
$$\gamma(Y, X_1) = \frac{1 + |\overline{\Delta Y'(k)}|}{1 + |\overline{\Delta Y'(k)}| + |\overline{\Delta Y'(k) - \Delta X_1'(k)}|}$$

$$= \frac{1 + 0.0749}{1 + 0.0749 + 0.1266} = 0.8946$$

同理可得$\gamma(Y,X_2)$= 0.8844，$\gamma(Y,X_3)$= 0.8784，$\gamma(Y,X_4)$= 0.8678，$\gamma(Y,X_5)$ = 0.8527，$\gamma(Y,X_6)$ = 0.7990，$\gamma(Y,X_7)$ = ,0.7871，$\gamma(Y,X_8)$ = 0.7647，其关联序为$\gamma(Y,X_1) > \gamma(Y,X_2) > \gamma(Y,X_3) > \gamma(Y,X_4) > \gamma(Y,X_5) > \gamma(Y,X_6) > \gamma(Y,X_7) > \gamma(Y,X_8)$，因此，可以看到，与港口物流关联度最密切的临港产业主要包括金属矿采选业、非金属矿采选业、非金属矿物制品业、金属冶炼及压延加工业、仪器仪表及文化办公用品机械制造业。

11.2.3 港口物流与临港产业的协整分析

根据灰关联系数的计算，得到与港口物流灰关联度较大的为金属矿采选业等5个临港产业，根据最小二乘法理论，对港口物流与这5个变量建立线性回归模型（数据区间为1991—2011年，因篇幅限制，原始数据省略），但是这6个变量都是时间序列数据，所以在建立模型之前要进行平稳性检验。

1. 平稳性检验

先对这几个变量都取对数后进行单位根检验，时间序列的检验结果如表11－2所示。

表11－2 变量单位根检验结果

变量	检验类型（c，t，q）	ADF	临界值（0.05）
LNY	（c，t，1）	－0.6533	－3.3976
LNX1	（c，t，1）	－2.4776	－3.3976
LNX2	（c，t，1）	－2.9463	－3.3976
LNX3	（c，t，1）	－0.5851	－3.3976
LNX4	（c，t，1）	－3.1961	－3.3976
LNX5	（c，t，1）	－2.7492	－3.3976
ΔLNY	（c，t，1）	－2.4779	－4.9642
ΔLNX1	（c，t，1）	－3.4901	－4.9642
ΔLNX2	（c，t，1）	－2.2817	－4.9642
ΔLNX3	（c，t，1）	－3.7492	－4.9642
ΔLNX4	（c，t，1）	－4.1961	－4.9642
ΔLNX5	（c，t，1）	－3.5486	－4.9642

对于LNY，结果表明在0.05的显著性水平下，单位根检验的Mackinnon为－0.6533，在0.05的显著性水平下的t检验统计量值为－3.3976，

而 -0.6533 大于 -3.3976，表明 LNY 序列存在单位根，是非平稳序列。同理可以证明 LNX1 ~ LNX5 序列也存在单位根，是非平稳序列。但是对于 ΔLNY 和 ΔLNX1 ~ ΔLNX5 这几个统计量是显著的，也就是说这两个变量都是一阶单整，是平稳序列。对于非平稳时间序列数据不能直接运用普通最小二乘法进行线性回归，需要通过协整检验来验证两个变量之间是否存在着协整关系即长期均衡关系。

2. 协整检验

因为 *Y* 和 *X*1 ~ *X*5 都是一阶单整变量，所以可以检验变量是否存在协整关系。协整性检验有两种方法，一种是基于回归残差的检验，这种检验也称为单一方程的协整检验；另一种是基于回归系数完全信息的 Johansen 协整检验，本书使用第一种检验方法。检验结果见表 11 -3。

表 11 -3　*Y* 与 *X*1 ~ *X*5 残差序列平稳性检验结果

ADF 值	-2.6247	1%　临界值*	-2.9075
		5%　临界值	-1.9835
		10%　临界值	-1.6357

* 拒绝的麦金农单位根检验。

由表 11 -3 可知，在 0.05 显著性水平下，ADF 值 = -2.6247，小于 0.05 显著性水平下的 t 统计量值 -1.9835，表明这些变量之间存在着协整关系，因此可以确定，在 95% 的概率度下，可以确定 *Y* 与 *X*1 ~ *X*5 之间具有长期均衡关系。利用 Eviews 6.0 软件对 LNY 与 LNX1 ~ LNX5 进行回归，回归结果见表 11 -4。

表 11 -4　LNY 与 LNX1 ~ LNX5 回归结果

变量	系数	标准差	t 值	P 值
C	9.2908	3.0942	3.0027	0.0000
*X*1	4.0062	1.5595	2.5689	0.0000
*X*2	5.7932	1.3245	4.3739	0.0006
*X*3	3.8877	0.5155	7.5416	0.0037
*X*4	2.1443	-0.6617	-3.2406	0.0000
*X*5	7.1774	2.0980	3.4211	0.0059

续表

变量	系数	标准差	t 值	P 值
R – squared	0. 996784	Mean dependentvar		28574. 65
Adjusted R – squared	0. 995712	S. D. dependentvar		13051. 22
S. E. of regression	854. 6454	Akaike info criterion		16. 57421
Sum squaredresid	10956282	Schwarz criterion		16. 87264
Log likelihood	– 168. 0292	F – statistic		929. 8033
Durbin – Watson stat	0. 303291	Prob （F – statistic）		0. 000000

结果表明两者之间的长期均衡关系的协整方程为：

$$LN\hat{Y} = 9.2908 + 4.0062LNX1 + 5.7932LNX2 + 3.8877LNX3 + 2.1443LNX4 + 7.1774LNX5$$

上式表示取对数后的港口货物吞吐量与金属矿采选业、非金属矿采选业、非金属矿物制品业、金属冶炼及压延加工业、仪器仪表及文化办公用品机械制造业的多元线性回归模型，采用 t 检验对模型进行显著性检验，由回归结果可知，在置信水平 $\alpha = 0.01$ 下，该 5 个变量对港口物流的影响是显著的。同时调整后的拟合优度为 0. 995712，拟合程度非常高。在其他条件不变的情况下，金属矿采选业、非金属矿采选业、非金属矿物制品业、金属冶炼及压延加工业、仪器仪表及文化办公用品机械制造业每增加一个单位，会引起港口物流分别增加 4. 0062、57932、3. 8871、2. 1443 和 7. 1774 个单位。

11. 3　结论

本部分基于改进的灰关联方法建立了关于河北省港口物流与临港产业关系的模型，主要从港口物流与临港经济的相关性进行了系统性研究，对两者的关系进行了统计学的实证分析，主要研究结论如下。

建立基于改进的灰关联理论适合研究河北省港口物流与临港产业的关系，分别计算了金属矿采选业（*X*1）、非金属矿采选业（*X*2）、非金属矿物制品业（*X*3）、金属冶炼及压延加工业（*X*4）、仪器仪表及文化办公用品机械制造业（*X*5）、建筑业（*X*6）、电气机械及器材制造业（*X*7）、金属制品业（*X*8）与港口货物吞吐量的灰关联度，结果表明其关联序为 $\gamma(Y,X_1) > \gamma(Y,X_2) > \gamma(Y,X_3) > \gamma(Y,X_4) > \gamma(Y,X_5) > \gamma(Y,X_6) > \gamma(Y,X_7) > \gamma(Y,X_8)$。从这些分析可以看出，$X1 \sim X5$ 这几个变量与港口货物吞吐量之间具有相当高的关联度，都在 85% 以上，即金属矿采选业、非金属矿采选业、非金属矿物制品业、金属冶炼及压延加工业、仪器仪表及文化办公用品机械制造业对港口物流的促进作用非常大；相反通过提高物流的运行效率和效益，也会在很大程度上促进这些临港产业的稳定增长。另外，本书对河北省港口物流和与之关联度比较大的 5 个变量进行了协整分析，得到了港口物流关于这几个变量的协整方程，结果表明，河北省港口物流和临港产业之间存在着长期的均衡关系，临港产业对港口物流的影响是显著的。在其他条件不变的情况下，金属矿采选业、非金属矿采选业、非金属矿物制品业、金属冶炼及压延加工业、仪器仪表及文化办公用品机械制造业每增加一个单位，会引起港口物流分别增加 4. 0062、57932、3. 8871、2. 1443 和 7. 1774 个单位。

参考文献

[1] 钟立群，杨波．现代物流的发展与区域经济发展的关系［J］．中国市场，2008（23）．

[2] 杨海甫．发展现代物流的思考［N］．经济日报，2001-07-01．

[3] 贺源．论区域经济与现代物流的关系［J］．财政监督，2006（4）．

[4] 魏亚萍．现代物流业的发展对区域经济的影响［J］．中国市场，2008（2）．

[5] 王微．中国物流产业发展前景及其在经济结构调整中的作用［J］．中国商贸，2000（8）：32-33．

[6] 刘竑冶，邱仁义．企业物流成本控制能力的多级模糊综合评价［J］．交通科技与经济，2008（2）：91-93．

[7] 王东生．基于FAHP评价的供应链物流成本管理研究［J］．西安工程大学学报，2009，23（1）：120-121．

[8] 侯玉梅，王利国，孙序佑，等．物流成本控制及评价模型研究［J］．科技管理研究，2009（8）．

[9] 连桂兰，李克宁．应用模糊层次分析法评价物流成本管理水平［J］．物流技术（学术版），2004（5）：79-80．

[10] 刘巧茹．最优化经济数学模型在物流成本评价的应用［J］．中国商贸，2009（9）：18-19．

[11] 谈贵军，史峰，秦进．宏观物流成本评价指标分析［J］．系统工程，2008，26（9）：38-40．

[12] 胡晓燕．基于供应链绩效评定的物流成本评价体系研究［J］．武汉理工大学学报（交通科学与工程版），2003，27（5）：687-688．

[13] 吴容，李文．基于DEA的第三方逆向物流服务动态绩效评价［J］．现代物流，2008（1）：8-10．

[14] 程广平，刘威．企业逆向物流模式的综合评价研究［J］．统计与决策，2007（12）．

[15] 代应，蒋长兵．汽车逆向物流系统绿色度评价研究［J］．计算机工程与应用，2009，45（35）：220-222．

[16] 张立华，王兴国．基于结构方程模型的河北省港口物流能力评价研究［J］．物流技术，2013（5）：306－307.

[17] 彭传圣．东亚港口集装箱运输发展前景［J］．港口装卸，2007（2）：39－40.

[18] 张立华，唐欣，李南．基于因子分析法的河北省物流发展能力评价［J］．物流技术，2013（7）：357－359.

[19] 岳辉，钟学燕，叶怀珍．第三方逆向物流企业的模糊评价研究［J］．软科学，2005，19（5）：39－42.

[20] 李化．基于 AHP 的逆向物流评价指标排序［J］．经济研究导刊，2013（24）：56－57.

[21] 熊峰．基于模块化神经网络的第三方逆向物流评价方法研究［J］．中国水运（学术版），2006，6（5）：151－152.

[22] 潘文荣．企业物流绩效评价指标体系的构建［J］．统计与决策，2005（11）：161－163.

[23] 张宝友，黄祖庆，吕旭芬．物流绩效评价指标体系、方法研究的现状及趋势［J］．江淮论坛，2008（4）：38－40.

[24] 王焰．物流服务绩效标准及评价［J］．物流技术，2002（1）：25－26.

[25] 王成．现代物流管理实务与案例［M］．北京：企业管理出版社，2001.

[26] 魏新军．模糊聚类方法在物流绩效衡量中的应用［J］．物流技术，2003（8）：29－33.

[27] 刘秉镰，王鹏姬．基于平衡计分卡的物流企业绩效层次分析［J］．中国流通经济，2003（7）：58－61.

[28] 于书敏，郑翠翠．基于循环经济的吉林省绿色物流评价分析［J］．通化师范学院学报（人文社会科学），2013，34（3）.

[29] 罗勇．构建长株潭物流企业绿色物流评价指标体系探讨［J］．重庆科技学院学报（社会科学版），2013（4）.

[30] 杜道华，郑国华，张力敏．适于两型社会的绿色物流评价指标体系的构建［J］．物流工程与管理，2011（4）.

[31] 潘文军．基于循环经济理论的绿色物流评价体系研究［J］．起重运输机械，2008（7）.

[32] 赵丽君．基于模糊综合评判法的绿色物流评价研究［J］．武汉理工大学学报，2008，30（6）.

[33] 田刚．因子分析在江苏省各城市物流能力比较研究中的应用［J］．扬州职业大学学报，2009，13（1）：34－37.

[34] 李莉，汤银英．因子分析法在乌鲁木齐城市物流能力评价中的应用 [J]．新疆农业大学学报，2008，31 (4)：95 - 98.

[35] 吕璞，王杨，徐丰伟．城市物流发展水平评价指标体系研究 [J]．物流管理，2009 (6).

[36] 刘满芝，周梅华，杨娟．基于 DEA 的城市物流效率评价模型及实证 [J]．统计与决策，2009 (6).

[37] 王建伟．传统物流与现代物流的经济比较分析 [J]．交通运输工程学报，2002，2 (3)：90 - 91.

[38] 丁俊发．中国物流 [M]．北京：中国物资出版社，2002.

[39] 刘志学．现代物流手册 [M]．北京：中国物资出版社，2001.

[40] 何明珂．物流系统论 [M]．北京：中国审计出版社，2001.

[41] 宋耀华，侯汉平．论传统物流与现代物流 [J]．北京交通大学学报（社会科学版），2004 (3).

[42] 张乐乐，冯爱兰．现代物流与传统物流的比较分析 [J]．物流技术，2005 (7)：5 - 8.

[43] BICHOU K, GRAY R. A logistics and supply chain management approach to port performance measurement [J]. Maritime Policy and Management, 2004, 31 (1): 47 - 67.

[44] MARLOW P B, Paixao-Casaca A C. Measuring lean ports performance [J]. International Journal of Transport Management, 2003 (1): 189 - 202.

[45] 李新然，吴健妮．港口物流产业集群竞争力指标体系构建及评价分析 [J]．大连理工大学学报（社会科学版），2012，33 (2)：28 - 33.

[46] 杨静蕾，刘秉镰，刘军．港口物流国际竞争力评价研究 [J]．物流技术，2005 (5)：23 - 29.

[47] 郭丽彬，张玉忠．港口物流战略联盟评价指标体系的构建 [J]．水运工程，2011，33 (8)：22 - 28.

[48] 王焰．物流服务绩效标准及评价 [J]．物流技术，2002 (1)：25 - 26.

[49] 徐金河．基于 GRA 和 AHP 的港口物流能力评价研究 [J]．重庆工商大学学报（自然科学版），2009，26 (5)：508 - 513.

[50] 雷培莉，李亚静，周绪尧．南北沿海城市港口物流系统比较分析 [J]．山西财经大学学报，2010，32 (2)：134 - 147.

[51] 王玲，魏然，李克娜，等．港口物流系统的重构与评价指标体系的建立 [J]．物流技术，2005 (2)：13 - 24.

[52] YEO Gi-Tae, SONG Dong-Wook. An application of the hierarchical fuzzy process to container port competition: policy and strategic implications [J]. Transportation, 2006 (33): 409 - 422.

[53] 焦新龙，刘雪莲，马天山．港口物流绩效定量评价理论及应用［J］．经济地理，2009，29（12）：2039－2079.
[54] 马永刚．基于 FCE-AHP 的港口物流竞争力研究［J］．经济管理，2007，29（22）.
[55] 徐新忠．基于多层次灰色评价的港口物流水平研究［J］．物流工程与管理，2010，32（5）：17－19.
[56] ROBINSON R. Ports as elements in value-driven chain system：the new paradigm［J］. Maritime Policy & Management，2002，29（3）：241－255.
[57] NOTTEBOOM T E，WINKELMANS W. Structural changes in logistics：how will port authorities facethe challenge?［J］. Rout ledge，2001.
[58] YEO Gi-Tae，ROE M，DINWOODIE J. Evaluating the competitiveness of container ports in Korea and China［J］. Transportation Research，2008（42）：910－921.
[59] WU Y-C J，GOH M. Container port efficiency in emerging and more advanced markets［J］. Transportation Research，2010：1－13.
[60] HUNG S-W，LU W-M，WANG T-P. Benchmarking the operating efficiency of Asia container ports［J］. European Journal of Operational Research，2010（203）：65－71.
[61] TONGZON L. Efficiency measurement of selected Australian and other international ports using data envelopment analysis［J］. Transport Research，2001（2）：113－121.
[62] 刘彩芳．基于 DEA-AHP 的港口物流绩效评价研究［J］．物流技术，2001，30（12）：53－55.
[63] 陈思云，彭俊．基于 PCA 和 DEA 分析法的港口物流绩效评价［J］．物流工程与管理，2012，34（2）：40－42.
[64] 史秀平，刘志英，关志民．城市物流评价指标体系初探［J］．冶金经济与管理，2004（4）.
[65] 陶存新，陈定方．城市物流能力评价研究［J］．武汉理工大学学报（交通科学与工程版），2006，30（5）.
[66] 郑淑蓉．行业物流研究［M］．北京：中国言实出版社，2008.
[67] 王之泰．现代物流管理［M］．北京：中国工人出版社，2001.
[68] 王芬，雷蕾．港口物流研究综述［J］．中国水运，2008（1）：40－41.
[69] 程恭明．基于结构方程模型的港口物流能力评价研究［D］．泉州：华侨大学，2011.
[70] 张丽君，等．现代港口物流［M］．北京：中国经济出版社，2005：24－35.
[71] 巫汝春．港口物流能力评价体系研究［D］．武汉：武汉理工大学，2008.
[72] 庄倩玮，王健．国外港口物流的发展与启示［J］．物流技术，2005（6）：36－39.

[73] 一鸣．中国港口物流行业市场前瞻与领先企业经营分析报告前瞻［J］．前瞻资讯，2013.
[74] 程广平，汪波，程国平．区域性中心城市物流集群发展研究［J］．地域研究与开发，2006，25（4）：62－64.
[75] BEAMON B M. Measuring supply chain performance［J］. International Journal of Operations and Production Management，1999，19（3）.
[76] 袁嘉祖．灰色系统理论及其应用［M］．北京：科学出版社，1991：275－292.
[77] 葛新冬．港口物流系统评价体系的建立及其应用分析［D］．南京：南京林业大学，2007.
[78] 彭书渊．基于BSC、Fuzzy-AHP及PCA综合评价体系的福建省港口物流发展研究［D］．泉州：华侨大学，2009.
[79] 冯浩．物流规划的有关问题探讨［J］．综合运输，2002（7）：30－32.
[80] 史春芬．山西省地级市城市物流发展水平评价研究［D］．太原：山西财经大学，2012.
[81] 吕璞．城市物流发展水平评价体系构建——对大连市的实证研究［D］．大连：大连交通大学，2009.
[82] 李振，朱传耿．对城市物流概念及相关内容的研究［J］．辨析与杂谈，2006，8（2）.
[83] 杨志伟．基于熵值法的物流公司仓储绩效评价［J］．物流技术，2011（3）.
[84] 张立华，杨森，王兴国．仓储型物流企业绩效评价［J］．物流技术，2013（4）：173－174.
[85] 吉鸿荣．我国物流企业绩效评价指标体系模块化设计［J］．物流技术，2012（2）.
[86] 孙相文．物流绩效评价方法比较［J］．中国市场，2008（10）.
[87] 赵鹏飞，陈湘蕊，赵云．基于模糊数学方法的物流企业绩效综合评价研究［J］．物流技术，2010（7）.
[88] 汪利虹．基于供应链视角的物流客户服务绩效评价研究综述［J］．湖北大学学报（哲学社会科学版），2012（1）.
[89] 王芳，王燕燕．仓储型物流企业发展中的问题与对策［J］．辽宁经济，2008（8）.
[90] 李洁．仓储型物流企业绩效考核体系的构建［J］．物流技术，2013，32（4）.
[91] 南超兰．武汉市仓储物流企业的发展模式研究［D］．武汉：武汉理工大学，2004.
[92] 杨履榕．绿色物流发展研究［D］．天津：天津财经大学，2005.
[93] 翁心刚，姜旭．日本绿色物流发展的状况及启示［J］．中国流通经济，2011（1）：16－20.

[94] PISHVAEE M S, TORABI S A, RAZMI J. Credibility-based fuzzy mathematical programming model for green logistics design under uncertainty [J]. Computers & Industrial Engineering, 2012 (62): 624 – 632.

[95] LAI Kee-Hung, Wong Christina W Y. Green logistics management and performance: some empirical evidence from Chinese manufacturing exporters [J]. Omega, 2012 (40): 267 – 282.

[96] UBEDA S, ARCELUS F J, FAULIN J. Green logistics at Eroski: a case study [J]. Int. J. Production Economics, 2011 (131): 44 – 51.

[97] DEKKER R, BLOEMHOF J, MALLIDIS I. Operations research for green logistics—an overview of aspects, issues, contributions and challenges [J]. European Journal of Operational Research, 2012 (219): 671 – 679.

[98] 储东. 浅谈对我国绿色物流的认识 [J]. 物流管理, 2011 (41): 11 – 14.

[99] 朱仕兄, 钟苹. 推进我国绿色物流有效发展的主要对策 [J]. 新世纪论丛, 2006 (3): 182 – 186.

[100] 缪兴锋. 试对工业绿色物流发展对策的研究 [J]. 现代经济 (现代物业中旬刊), 2009 (7): 66 – 68.

[101] 马玉立. 我国绿色物流的发展障碍及对策研究 [J]. 物流商论, 2012 (1): 167 – 168.

[102] 伊俊敏. 物流工程 [M]. 北京: 电子工业出版社, 2009.

[103] 许韵聪. 制造企业绿色物流体系构建及评价研究 [D]. 大庆: 大庆石油学院, 2009.

[104] 刘楠. 辽宁省绿色物流体系构建研究 [D]. 沈阳: 沈阳工业大学, 2011.

[105] 冯耕中. 现代物流与供应链 [M]. 西安: 西安交通大学出版社, 2003: 356.

[106] 刘东林. 绿色物流的制度研究 [D]. 武汉: 武汉理工大学, 2010.

[107] 张琳琳. 绿色物流系统构建问题研究——以大连市为例 [D]. 大连: 大连交通大学, 2008.

[108] 朱峰. 对发展绿色物流的思考 [J]. 中国标准导报, 2006 (8): 24 – 28.

[109] 朱庆华, 耿勇. 企业绿色采购影响研究 [J]. 中国软科学, 2002 (11): 71 – 74.

[110] 刘延平, 李卫东. 物流统计学 [M]. 北京: 清华大学出版社, 2006 (5).

[111] 于佳. 发展我国绿色物流的战略措施研究 [D]. 西安: 长安大学, 2006.

[112] 廖敏秀, 邹凯. 浅谈城市物流在促进经济发展中的影响及其对策 [J]. 科技情报开发与经济, 2005, 15 (18): 143 – 144.

[113] 杨利勤. 发展我国绿色物流的具体路径分析 [D]. 西安: 长安大学, 2008.

[114] 宋歌, 郑凌云. 浅谈发展绿色物流的必要性与战略对策 [J]. 产业观察, 2004 (2): 102 – 107.

[115] 李可媛．绿色物流的内涵及其发展策略探析［J］．物流科技，2004（28）：53－54.
[116] 徐同胜．浅析绿色物流发展战略［J］．商场现代化，2007（12）：105－106.
[117] 杨国川．我国绿色物流发展中的制约因素及对策［J］．商业经济与管理，2010（2）：18－23.
[118] 叶飞，徐学军．动态联盟的绩效评价指标体系及其评价方法［J］．中国软科学，2009（9）：24－27.
[119] 单虹．衡阳市绿色物流系统研究［D］．长沙：中南大学，2008.
[120] 伍莉．江西省绿色物流发展对策研究［D］．南昌：南昌大学，2011.
[121] 安昌峰．区域物流对区域经济发展的影响——基于江西省的研究［D］．南昌：江西师范大学，2009.
[122] 王长琼．绿色物流［M］．北京：化学工业出版社，2004.
[123] 周启蕾．物流学概论［M］．北京：清华大学出版社，2005：379.
[124] 张兵．中国发展绿色物流面临的问题及对策研究［J］．安康学院学报，2010（6）.
[125] 官绪明，杨坚争．构架绿色物流体系——打造现代企业持续发展之路［J］．江苏商论，2004（10）：66－67.
[126] 赵丽君．基于模糊综合评判法的绿色物流评价研究［J］．武汉理工大学学报，2008（6）：174－177.
[127] 王守信，张莉，李鹤松．一种基于云模型的主观信任评价方法［J］．软件学报，2010（6）：1341－1352.
[128] 王新生，等．普适环境中基于云理论的信任模型［J］．计算机工程，2010（7）：282－284.
[129] 宋晶．基于云模型和粗糙集的分类挖掘方法研究［D］．成都：西南交通大学，2007.
[130] 张景安，张杰，王秀义．P2P 网络中基于云模型的主观信任评价［J］．微电子学与计算机，2010（8）：96－99.
[131] 杨柳，吕英华．基于云模型的网络风险评估技术研究［J］．计算机仿真，2010（10）：95－98.
[132] 徐德智，李小慧．基于云模型的项目评分预测推荐算法［J］．计算机工程，2010（17）：48－50.
[133] 吴爱燕，等．基于自然语言的模糊多属性云决策方法研究［J］．计算机科学，2010（11）：199－202.
[134] 王媛．基于云模型的网络信息系统可生存性评估方法［D］．南京：南京理工大学，2008.
[135] 王小洁．基于云模型的我国石油海洋运输安全评价研究［D］．青岛：中国海洋大学，2012.

[136] 张宝友，达庆利，黄祖庆．中国上市物流公司动态绩效评价及对策［J］．系统工程，2008（4）．
[137] 贺佃斌．浅谈控制采购成本的策略［J］．价值工程，2010（2）．
[138] 肖文忠，邱祝强．钢铁集团内部协同采购策略优化［J］．计算机应用，2010（7）．
[139] 程炜．钢铁企业煤炭采购物流的设计［J］．物流技术，2006（5）．
[140] 陈菊华．关于加强原煤成本控制的若干思考［J］．中国金属通报，2010（15）．
[141] 张岚，扶永红，郑巍．采购物流成本的构成及核算方法［J］．中国金属通报，2010（15）．
[142] 张佳红，宁亮亮．港口物流与区域经济灰色关联度——以河北省为例［J］．物流科技，2012（7）：6－8．
[143] 漆世雄，沈渊．基于灰关联分析的中美 GDP 与社会物流成本比较研究［J］．物流技术，2012，31（1）：1－3．
[144] 沈渊．基于灰关联分析的中美社会物流成本比较研究［J］．技术经济与管理研究，2012（9）：17－19．
[145] 曹明霞．灰色关联分析模型及其应用的研究［D］．南京：南京航空航天大学，2007．
[146] 赵海霞，余敬．企业人力资源管理的评价指标体系［J］．经济论坛，2004（2）：61－63．
[147] 王晓玲，谢康．企业人力资源管理质量评价指标体系研究［J］．现代管理科学，2005（6）：20－22．
[148] 刘颖．企业人力资源管理评价指标体系的探索［J］．上海工程技术大学学报，2005，19（3）．
[149] 张健，张健东．集装箱码头人力资源管理评价指标设计［J］．集装箱化，2008（1）．
[150] 李宝奕．港口企业人力资源管理评价研究［D］．上海：上海海事大学，2007．
[151] 吴岸松．三角模糊数在知识型企业人力资源管理评价中的应用研究［D］．重庆：重庆大学，2007．
[152] 常玥．河北省企业人力资源管理效能衡量模式研究［D］．天津：河北工业大学，2006．
[153] 熊亚洲．我国物流产业信息化模型研究［D］．武汉：武汉理工大学，2005．
[154] 赵曙明．人力资源管理研究［M］．北京：中国人民大学出版社，2001．
[155] 张国初，等．人力资源管理定量测度和评价［M］．北京：社会科学文献出版社，2000．

[156] 魏然. 基于战略的装备制造企业人力资源管理绩效评价研究 [D]. 哈尔滨: 哈尔滨工程大学, 2012.
[157] 王金花. 文化视阈中的民营企业人力资源管理 [D]. 南昌: 江西师范大学, 2012.
[158] 高丽霞. 山东省科技型中小企业人力资源管理研究 [D]. 武汉: 华中师范大学, 2012.
[159] 余夏利. 钢铁物流企业的人力资源管理研究 [D]. 南京: 南京大学, 2012.
[160] 李玉杰. 人力资源生态位: 现代人力资源管理的新视角 [J]. 科技管理研究, 2009 (6).
[161] 吕明珠. 国有企业人力资源管理的有效模式 [J]. 中国新技术新产品, 2009 (21).
[162] 王光玲. 知识型企业微观人力资源生态系统研究 [J]. 中国商贸, 2009 (19).
[163] 颜爱民, 徐晓飞. 核心员工生态因子识别实证研究 [J]. 科技管理研究, 2010 (3).
[164] 颜爱民. "义""利"元规则分析及其在人力资源管理中的应用 [J]. 管理学家 (学术版), 2010 (1).
[165] 颜爱民, 刘媛. 人力资源生态位概念界定及因子测算 [J]. 生态经济 (学术版), 2006 (2).
[166] 颜爱民. 人力资源生态系统刍论 [J]. 中南大学学报 (社会科学版), 2006 (1).
[167] 张敏, 石宇强, 梁春艳, 等. 基于再制造的逆向物流评价方法研究 [J]. 物流工程与管理, 2012 (12).
[168] 隋鑫. 企业物流绩效评价标准及体系研究国外综述 [J]. 生产力研究, 2012 (9).
[169] 李弘, 刘洪松, 温永春. 基于 DEA 的内蒙古农资邮政物流绩效评价 [J]. 物流技术, 2012 (5).
[170] 熊中楷, 方衍, 张聪誉. 以旧换新收购方式下的逆向物流网络优化设计 [J]. 中国管理科学, 2011 (6).
[171] 汪利虹. 物流绩效评价研究综述及未来展望 [J]. 物流工程与管理, 2011 (8).
[172] 苏建. 国外逆向物流对我国物流业发展的启示 [J]. 内蒙古科技与经济, 2010 (1).
[173] 罗秀琴, 王晓燕. 逆物流绩效评价指标体系设计研究 [J]. 中国市场, 2009 (41).
[174] 杨丽斌. 汽车逆向物流实施浅析 [J]. 物流技术, 2006, 9 (8): 97-99.
[175] 阮略成. 第三方汽车逆向物流模式浅析 [J]. 汽车产业研究, 2006, 8 (12): 39-41.
[176] 吴利清. 基于循环经济的汽车逆向物流研究 [D]. 西安: 长安大学, 2006.
[177] 董天舒. 汽车制造企业废钢铁逆向物流管理研究 [D]. 武汉: 武汉理工大学, 2006.
[178] 徐剑, 孙莹. 汽车逆向物流渠道模式研究 [J]. 中国高新技术企业, 2008, 2 (2): 9-11.

[179] 孙浩，黄轲．废旧汽车逆向物流产业组织模式［J］．中国物流与采购，2008，8（8）：7－71.
[180] 刘鹤．基于循环经济理论的汽车逆向物流分析［J］．物流技术，2009，2（1）：42－43，59.
[181] 余慧娟，杨浩雄．北京市报废汽车逆向物流现状及建议［J］．物流科技，2010，12（1）：14－17.
[182] 施卢丹，颜先华．我国废旧汽车逆向物流分析［J］．河北交通科技，2010，2（7）：72－74.
[183] 徐剑力．报废汽车逆向物流绩效模糊综合评价分析［J］．汽车工业研究，2006，11（6）：26－28.
[184] 杨纶标．模糊数学原理及应用［M］．成都：华南理工大学出版社，2005.
[185] 周垂日，梁樑，许传永，等．逆向物流研究的新进展：文献综述［J］．科研管理，2007，28（3）.
[186] 马东．物流成本理论研究述评［J］．发展，2006（9）.
[187] 张立华，李南．河北省港口物流与临港产业共生性研究［J］．物流技术，2014（5）：227－228.